別裝了，

這才是真實的你！

時尚修行很可以，荃字塔識人術

賴荃荃 著

擺脫迷惘，
認識清晰真實的自己

　　荃荃從事心靈產業多年，最常碰到的是個案對於自我本身的不了解，不知道自己是怎麼樣的一個人？也無法了解自己真正要的是什麼？一個不知道自己要的是什麼的人，通常在旁人(父、母、長輩及朋友)的指點下，走一步算一步，過一天算一天，這樣的人生。雖然現實生活與他人無異，但內心的空虛與自我懷疑亦隨著時間增長，縱使外表光鮮亮麗，外在獲得他人的肯定與讚賞，其實一點也不快樂，我之所以想出這本書，便是希望能幫助更多人認識自己，進一步找到自己真正想要的快樂與幸福。

　　在我擔任塔羅占卜師期間，許多諮詢者都說：「荃荃老師你怎麼可以看人這麼準，你會通靈？還是會作法？」其實我什麼都不會，我靠的並不是神仙道術，也不是靈能幻術，而是一股助人的熱誠及閱人無數的經驗值，但最主要還是大數據歸納出來的統計學。

自序

　　若中醫師透過望聞問切可推斷患者的身體狀況，那命理師便是藉由客戶的生辰八字論斷結果，其實，命理學與醫學及其他科學都有相似之處，都透過長時間的觀察取得龐大的數據，再將數據整理成經驗法則，最後將兩者相互應證，在反覆修正與推算後得出一套理論。

　　多年的聊癒經驗讓我目睹了許多人世間的悲歡離合，也使我開始思索這些人的命運是否就真的注定如此。許多人總是費盡心機，想透過各種方式改變自己的命運，但對於影響人生的慣性模式卻是選擇一成不變。當我意識到這點後，立刻下定決心做出調整……我不是斷人生死的命理師，而是給人希望的聊癒師。我希望所有人都有機會認識自己，改變自己，擺脫命運的束縛，邁向更光明璀璨的未來。

　　因此，我將科學命理與自然醫學做結合，苦心鑽研人格心理學與花波療法，開創出這一套釜字塔羅牌，經過多年整理歸納東西方各大命理占卜系統，統整前人智慧所創下的心血結晶，打造一套人人都能上手，人人皆能複製，人人皆能輕鬆，了解自我、認識他人的人格特質簡易分析工具。

　　近年來，我創立聊癒品牌，成立釜字塔時尚修行團隊，不再給予

個案「答案」，讓他們接受命運的安排；相反的，我給予諮詢者「方法」，讓諮詢者自己掌握人生方向，改變自己的命運，自癒才能癒人。我找到一群理念相同的愛心聊癒師，在這一條充滿正向力量的道路上，我們一起散播歡樂散播愛，秉持慈悲、無我、同理、給愛、利他、中庸的精神，相互扶持相互鼓勵繼續前進。

命理界流行一句話，叫：「知命造命」不過，我覺得「知心造命」更為恰當。我認為，只要透過自我覺察，了解最真實的自己，改變自己的「本心」，命運自然也會隨之改變。

《別裝了，這才是真實的你！——時尚修行很可以，荃字塔識人術》的問世，便是為了讓各位讀者在自學的情況下學會運用荃字塔羅牌。透過荃字塔識人術，只要短短幾分鐘便能看懂一個人的內在特質，不僅能用於自我理解，也可以用來認識他人，可說是知己知彼的最佳利器，五分鐘聊癒你，六分鐘懂你心，相信透過這本書，一定協助更多人從迷惘中走出，展開自我肯定的精采人生。

預見未來不是夢

「別裝了，這才是真實的你！」第一次跟荃荃吃飯時她忽然脫口說出這句話，當時的我嚇了一跳，心想著怎麼會有人在跟他人首次用餐就如此不粉飾地直言直語，但是，此強烈的人格特質深深地吸引了我。

我是為堯，是一位國際培訓師，主要工作為教導人們銷售、表達魅力和公眾演說，時常來往於新加坡、馬來西亞、大陸和台灣之間。在一次偶然的機會，透過學員的引薦，荃荃老師走進了我的教室，成了我的學生。在一整天的課程活動中，我看見她全心投入所有的練習、互動和分享；讓我想起我的老師常說的話：「一個人做一件事情的態度，就是他做所有事情的態度。」課程結束後，我們短暫交流了幾句，感覺非常投緣，尤其是荃荃在教室中散發著高能量又玩得很開心，同時又帶動激勵著周遭其他的同學，著實讓我印象深刻，於是馬上約了下次一起吃飯的時間。用餐過程中我隨口提到我的生日，荃荃馬上表示：「王子氣質，女性貴人，陰柔特質，使命助人。」四句話，接著又說：「雙魚肖龍，2號天秤合作型，天生靠嘴吃飯，做事為使命不為錢。」這兩句話就像如來神掌般深深的打進我的心裡，對於這套「荃字塔識人術」感到十分佩服，於是我決定幾天後吃飯時好好跟荃荃老師請教一番！

餐敘當天，我一如往常的客氣有禮，保守應對；用餐不到 10 分鐘，

忽然話匣子大開，聊著我最熱愛的課程框架與學員收穫，茲茲老師突然說到：「別裝了，這才是真實的你！」我才察覺到，原來，透過「茲字塔識人術」的牌卡，我這個人可以用 4 套最科學的統計學，交叉比對分析出專屬我的習慣個性處事風格，而讓對面這位看著我，同時手中筷子夾著肉在鍋中涮的茲茲老師，臉上露出得意的微笑！

茲茲自信滿滿地說著：「見面前 3 分鐘，5 句話以內，一定要讓對方『哇！哇！哇！』」我是職業培訓師，相信科學，更相信大數據，「茲字塔識人術」真的是簡單、有趣、新奇、好玩。更重要的是，透過牌卡，有效拉近人跟人之間的距離。而這些優秀的「聊癒師」，不但擁有療癒能力，同時還兼具瞭預能力；諮詢之間，不但讓你更熟悉自己的特質，讓你清晰同時可掌握自己的「療癒」能力，更讓你「瞭解他人與自己，預見未來最佳相處方式」的「瞭預」能力。

在現代這個一技之長早已不夠用的年代，我鼓勵各位讀者勇敢站出來，成為一個斜槓者，讓自己能成為斜槓療癒師／協槓聊遇師，透過「茲字塔識人術」一起幫助別人「認識自己，瞭解他人」，用對方喜愛的方式進行交流溝通。讓人們的人際關係、親子關係甚至是親密關係都能有效的找到讓對方舒服的方式溝通。

我想，無論你是何種職業或身份，這都會是你工具箱中不可或缺、必須必備的第二或第三把的「刷子」！

知名國際培訓師
中華兩岸大健康促進協會理事長

張為堯

目錄

Chapter 4　聊癒大進擊：21 位荃字塔聊癒師

Chapter

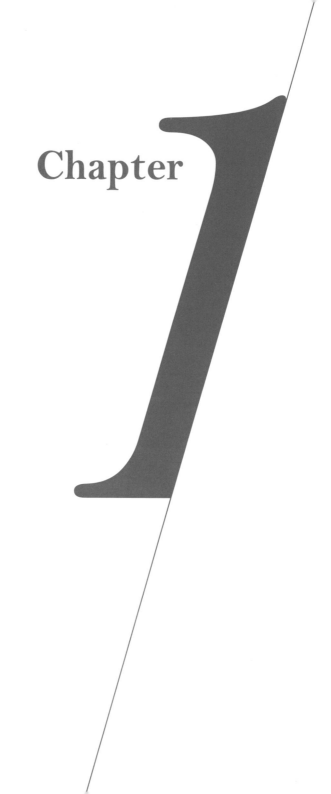

精準識人術：
荃字塔羅牌

荃字塔羅牌是一套簡單易懂的識人術，以三大數據理論：西方的星座學、東方的生肖學以及生命靈數作為基礎主軸，搭配《達摩一掌經》和《螺旋塔羅牌》中些許元素建構而成。本書以圖解式記憶，透過深入淺出的教導方式，讓每一位讀者都能在短時間看透一個人的本質，可說是史上最強人際關係的寶典！

認識荃字塔羅牌

本章節將依照每一張牌面，一一介紹荃字塔羅牌的各種元素，並進一步說明每張牌卡所代表的含義，透過輕鬆簡單的方式熟悉這套由大數據科學命理所建構出的識人術。

透過大數據舉證的科學命理

　　是否曾聽過類似的反應：「我是天蠍座，但我一點都不愛耍心機」、「雙子座的我總是喜歡待在家裡，不怎麼好動」、「人家都說金牛座很會理財，但是我一點都不喜歡啊」、「獅子座的人不是都很霸氣嗎？但是我覺得自己自信心不足耶」……等。當我們看著自身或他人所對應到的星座、生肖或其他相關命理占卜時，或多或少都曾有過些許疑惑。市面上關於星座、生肖或生命靈數的占卜屢見不鮮，但版本各異，甚至有些描述還互相衝突，不免讓人納悶：「這究竟是怎麼

一回事？」

　　其實，每一個人都是複雜的集合體，在短短一秒鐘腦內便出現無數個念頭，而這些念頭都能影響一個人的言行舉止。因此，無法單純只以星座、生肖等定義世界上的所有人，更無法精確地符合每一個人的性格與行為模式。

　　儘管如此，若要因此認為上述分類法完全沒有準確度，則又過於極端。回過頭來觀察這些星座、生肖的分類法，當時因科技尚未發達，人們對於神話與傳說依舊抱持著崇拜與信任，進而衍生出此類學說，搭配上數百年累積下來的數據資料與研究，才有今日占卜、星象等專業命理數據的產生。

　　換言之，上百年的數據統計確實有其可信度，然而在不同理論和學派之間，卻從來沒有人做過交叉比對，找出東西雙方的相似與共通之處。因此，我將三大數據命理（生肖、星座與生命靈數）進行整合，經由多年來的經驗進行分析與比對，重新歸納出獨創的「荃字塔羅牌」系統。

　　這套荃字塔羅牌系統依舊以 12 張牌做為基礎牌組，但是每一張牌面都包含 6 種元素資訊，分別是星座、生命靈數、生肖、性別屬性、人物屬性與人生課題（顏色）。

　　每一個人將依照自己的出生年月日，構成 3 張至 4 張的牌組，依照此規律進行統計，因此延伸出來的排列組合將有上千種。

牌面資訊代表的人格特質

　　當我們透過荃字塔羅牌卡認識一個人時，牌面上所有元素便是

這個人所具備的個性與特質，在這樣的加乘下，便有一千多種組合，能夠比從單一命理占卜工具所得到的結果更細膩，更能準確地瞭解一個人的外在性格與內在特性。

在開始說明排列組合之前，讓我們先了解每一張牌面上所包含的資訊。每當我們使用「崟字塔羅牌」的計算方式抽出某一人的牌組後，便可以在以下篇幅中分別找到每一個牌面元素所代表的意義，再將所有的元素綜合起來進行分析，深度了解這個人的基本性格與特質。以下面牌卡為例：

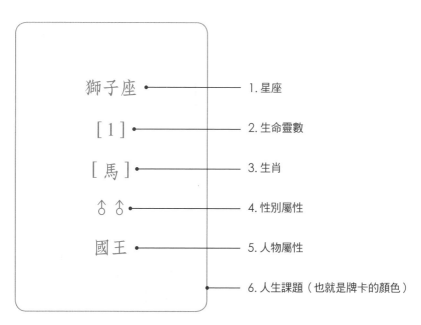

完整圖樣與詳細資訊詳見附錄 P156

崟字塔羅牌的牌面上共包含六種資訊，每一種資訊的解釋將會在後續章節陸續介紹。「崟字塔羅牌」總計有 12 張牌卡，分為 4 種顏色。

四大顏色

認識莖字塔識人術的第一步驟，就是要了解「四大顏色」所代表的含義。在這套系統所使用的卡牌中，一共會看到四種顏色，而這些顏色分別代表不同的基礎人格特質。

紫色（火元素）

紫色代表火元素。火元素容易讓人聯想到源源不絕的能量，像是熱情與行動力。擁有紫色牌的人外表上較為活潑與積極，內在個性則極具有企圖心，因此紫色牌的人在團隊中通常是焦點人物。由於天生擁有領導格局且具執行力，所以許多紫色牌的人在事業發展上會朝著創業方向前進。當一個人擁有愈多張紫色牌，這類特質便會愈加明顯。

紫色牌對應火象星座，包含獅子、牡羊、射手這三個星座；生肖則對應馬、狗、虎三生肖。有趣的是，上述生肖皆為四腳動物，不僅

熱情又充滿行動力，因此紫色牌的人在感情方面通常會主動出擊，一旦鎖定目標便不會輕易易放棄。

火元素在西方塔羅牌體系中象徵「權杖」，意為自尊心高、好勝心強、愛面子，因此紫色牌的人在人際相處上需多加注意，才不會給人專斷獨行、掌控欲強以及愛搶風頭的印象。

粉色（水元素）

粉色代表水元素。水是萬物之母，因此不難看出擁有粉色牌的人在天生命格中注定是位浪漫主義者。在人格牌組中，粉色牌的人較重視內在感受，情感方面也較為敏銳，具有多愁善感、體貼溫柔、重視人情……等特質。在社會或職場中，粉色牌的人經常扮演著救火隊或熱心公益的角色，因此容易承擔重責大任，是團隊中維持事務運作的關鍵人物。粉牌人在內心安定時可塑性極高，但也相對容易被自身或他人情緒所影響。

粉色牌的人所對應的生肖為兔、羊、豬，而這三種生肖動物都是個性溫馴的動物，但千萬別因此看輕他們的脾氣。粉色牌對應的水象星座為天蠍、巨蟹、雙魚，一旦被激怒時便會直接反撲。粉色牌的人情感變化幅度較大，具有豐沛的母性，容易有犧牲自我、成全眾人的傾向，加上粉色牌的人通常不會主動表達自我意見，難免給人難以捉摸的神秘感。因此，與粉色牌的人相處時，需要有一定程度的耐心。

水元素在西方塔羅牌體系中象徵著「聖杯」，意為情感豐沛、承載力高與感性，因此粉色牌的人在行動上容易受情感因素而左右搖擺，必須學會控制自己的情緒，堅持一開始定下的原則，不然容易因此吃虧。

藍色（風元素）

　　藍色代表風元素。對擁有藍色牌組的人而言，「自我矛盾」可說是他們最大的特色。藍牌人心思大多如風一般敏捷快速，亦重視邏輯思考與公平公正。無論從星象星座或生命靈數來看，藍牌人的理性邏輯的思考慣性讓他們容易在團隊中成為冷靜判斷、有勇有謀的角色，非常適合擔當參謀的角色，進而掌握大局。從元素面也可以看出，風助火勢、風生水起，若紫色牌或粉色牌的人身邊有藍色牌的人擔當輔佐，他們的事業或情感通常會相當精采。

　　從光譜中分析，藍色是冷色調系，與對應的風象星座不謀而合。水瓶、天秤、雙子這三個星座都是由兩個元素結合所組成，水瓶由水與瓶、天秤由兩個磅秤、雙子則由兩個人物所組成，因此藍色牌的人在思考時經常會陷入兩極的自我矛盾。藍色牌的人所對應的生肖包含鼠、龍、猴，三者皆為靈活多變的動物。俗話說：「水能在載舟，亦能覆舟。」藍色牌的人總是希望可以顧全大局，樣樣兼顧，但也容易因此思慮過多，導致壓力過大而衍生不少病痛。

　　由於情感不在藍色牌的人的思考邏輯內，因此藍牌人很容易忽略或是壓抑自身情緒，出現身心失調的狀況。換言之，藍色牌的人具有一體兩面的特質，如何從理性思考與情緒感受中尋找出平衡點通常是他們人生中最大的課題。

綠色（土元素）

　　綠色代表土元素。綠色牌象徵孕育萬物的大地，因此在人格特質中擁有綠色牌的人個性會如大地般接納萬物，個性上則較為務實堅

定，擁有容納百川的度量。相較粉色牌，綠色牌的人則帶有權威性，若說粉色牌的人代表母性的特質，那綠色牌的人則擁有父性的特質。

綠色牌的人對應的生肖為雞、牛與蛇，三者都屬於謹慎穩重的動物，因此綠色牌的人在投資方面通常偏向穩健，個性則較為細心、不輕易假手他人。綠色牌的實踐精神在事業上是把利器，但天生刻苦耐勞的個性不免會使他們容易過度忍耐，衍生出健康方面的隱憂。

綠色牌的人天生帶財，因為土元素在西方塔羅牌中象徵著「錢幣」，代表著財運與財富。綠色牌對應的星座為土象星座的金牛、魔羯與處女。舉例而言，根據台彩公司統計，土象星座者是得獎者的大宗族群，也是極具投資眼光的理財高手。

如果有任何一位讀者是綠牌人的伴侶，那麼請注意他們會為了家庭的生活品質和未來規劃而做足努力，其務實態度會使他比其他三色牌人更加努力，能屈能伸，但也因此容易過勞而引發重大疾病，因此需多加留意綠色牌的人的健康。

重點整理

紫色：重事業，喜歡掌權。 代表星座為火象星座，對應西方塔羅牌意為權杖，以血型來說有 O 型的傾向。健康方面較容易得到躁鬱症，性別屬性為陽性。

粉色：重情感，較為感性。 代表星座為水象星座，對應西方塔羅牌意為聖杯，以血型來說有 A 型的傾向。健康方面較容易得到憂鬱症，性別屬性為陰性。

藍色：重理性，喜歡均衡。 代表星座為風象星座，對應西方塔羅牌意為寶劍，以血型來說有 B 型的傾向。健康方面較容易得到癌症，性別屬性為陽性。

綠色：重財富，較為務實。 代表星座為土象星座，對應西方塔羅牌意為錢幣，以血型來說有 AB 型的傾向。健康方面較容易得到憂鬱症和癌症，性別屬性為陰性。

生命靈數

在對四大顏色有了基礎認知之後,接下來則是要了解「生命靈數」的運用。依前言所述,荃字塔識人術包含了許多不同系統的命理數據,其中,「生命靈數」為一大數據類別,與生肖、星座同等重要。

蘊藏特質的人生密碼

據說「生命靈數」最早源自古希臘的占卜術,大約於西元前五百年,由古希臘知名的學者畢達格拉斯(Pythagoras,古希臘數學家、哲學家、物理學家、天文學家,曾提出著名的畢氏定理)所提倡。他相信「數字」是宇宙的真理,並利用數學的公式與統計學發明了「原數力量開運術」。這套系統被傳授給當時的知識份子做進一步研究,成了後人所知的「生命靈數」。

畢達格拉斯指出，每個人的生命中都隱藏著一組生命數字，蘊含著獨特的命運密碼。1 到 9 的生命靈數都有其形而上的特殊意義，包括天生性格、未來方向、戀愛、財運……等，甚至連人生問題的答案都能從中找到答案。數字 到 號所代表的意義概述如下：

1 號

關 鍵 字：獨立、自主

性格特質：獨立、領導、成就感、主觀意識強

適合工作：業務、專案經理、專業人員

對應星座：獅子座與牡羊座

2 號

關 鍵 字：成全、合作

性格特質：體貼敏感、依賴、合作、優柔寡斷、團體中容易被犧牲

適合工作：助理、公關、慈善

對應星座：天秤座與雙魚座

3 號

關 鍵 字：創意、變動

性格特質：變動、聰明、創意、社交、藝術、任性、容易好高騖遠

適合工作：行銷、企劃、設計、工程師

對應星座：雙子座

4 號

關 鍵 字：務實、固定

性格特質：穩固、忠誠、限制、秩序、不易妥協、缺乏安全感

適合工作：內勤、會計、採購

對應星座：金牛座與巨蟹座

5 號

關 鍵 字：自由

性格特質：冒險、口才佳、愛自由、熱情豪爽、容易放縱得罪別人

適合工作：業務、導遊、藝術家

對應星座：射手座

6 號

關 鍵 字：小愛（對家庭的愛）、感性、責任

性格特質：小愛、服務、家庭、助人、重承諾、付出不求回報

適合工作：私人秘書、服務業、客服

對應星座：巨蟹座與處女座

7 號

關 鍵 字：邏輯、理性、探究

性格特質：內省、追求真理、分析、理智、冷漠、自大傲慢

適合工作：特助、幕僚、分析員

對應星座：處女座與天蠍座

8 號

關 鍵 字：權威、老闆

性格特質：物質、財富、商業頭腦、權力、唯物主義、驕傲

適合工作：主管、創業家

對應星座：天蠍座與摩羯座

9 號

關 鍵 字：靈性、大愛（對眾人的愛）

性格特質：大愛、關懷、人道主義、沒有耐性、意志不堅、天馬行空

適合工作：福委、慈善、社工

對應星座：雙魚座與水瓶座

生命靈數 DNA 計算公式

假設某人是 1971 年 8 月 26 日出生 那麼他的生命靈數計算方式如下：

_____ ＝ _____ → _____（_____ 號人）

將西元出生年月日數字依序加總，得出的結果再相加至個位數，即為生命靈數（___ 號人）

舉例說明：

1+9+7+1+8+2+6=34 → 3+4=7（7 號人），以此類推。

生命靈數組織圖

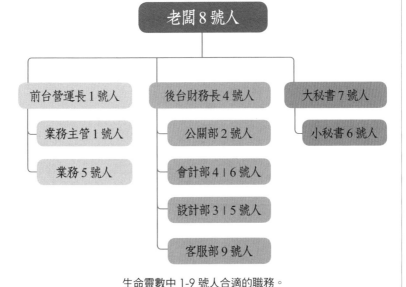

生命靈數中 1-9 號人合適的職務。

生命靈數可運用於一般公司企業的職務上。每一個不同號碼的人都有著不一樣的特質，因此，讓不同特質的人在對的位置上，不僅可以增強個人的人生潛能，更可以幫助一間企業的穩定與發展。下面我們就來看看哪一種人適合放在哪一個位子！

從第 25 頁的圖表可見，8 號人適合做老闆與決策者的位子，而 7 號人則適合做為大秘書，主掌老闆的大小事，協助分析策劃等事宜，並交付下面的小秘書 6 號人執行細節。

公司的體制大多可以分為內外兩大區塊，外部多為針對業務與開發市場等事宜，而這一個主管最合適的則為 1 號人，只要給予業績目標，就會自己找尋方式達標，當然不同的產業，就要更深入了解其擁有的個人特質牌組，才能了解是否合適。不過，營運長的位子，1 號人是非常可以勝任的！在 1 號人之下則可以帶領 1 號人與 5 號人，而 5 號人生性愛好自由，因此比較不喜愛管理的職務，給予他們足夠的空間與目標，他們可以自己做得很好。

另外，公司內部最為重要的就是財務長，4 號人是最適合坐在財務長職位的人選，本身的穩定度與大格局可以幫助公司管理內部執行的部門，又可同時把關財務預算與支出。而內部中可包含公關、會計、設計、客服等部門，2 號人喜愛合作、表演又與人和善，在公平與分析的本質上也同樣很注重，因此 2 號人很適合作為公關的角色。

會計部門則是 4 號與 6 號人的天下，4 號人的穩定與財務觀念與 6 號人的細膩和執行力都很適合作為財務部門的執行者，而設計部門就需要創意十足的 3 號與 5 號人，天馬行空與邊做邊修的性格都適合設計部門。另外，客服部門就是需要有大愛與能言善道的 9 號人，才能發揮同理心之餘，還可以保持理智的應對，這是客服部門需要的大智慧。

每一號人都有自己不同的優勢，因此將對的人放在對的位子很重要。荃字塔羅牌可以幫助許多公司內部進行人資上的了解與分析，由於荃字塔探討的是人，因此對於人的解析是最直接明瞭的。

四大星象

荃字塔羅牌的三大重點之一：星象星座。星座是荃字塔識人術的主軸之一，了解每一個星座的特質有助於解析不同牌組的人格特質。在此的星象特質將以精簡的方式，明確說明每一個星座所對應的顏色、人物以及屬性，讓大家輕鬆迅速的就能掌握各個星座的特質。

全力奔跑的火象星座

　　火象星座中含有三位成員，分別是牡羊座、獅子座、射手座。火象星座是一組自我存在感非常強烈的星座，他們的特質是奔放、樂觀、豁達、志向遠大、喜歡開創、重視成就感、不畏艱難，非常有目標導向。

　　火象星座的人傾向於依賴直覺來理解世界，也喜歡憑著自我感

覺行事。他們寧可聆聽引擎聲決定往哪奔翔，也不會想去看一眼地圖，這說明了他們熱愛挑戰且不安於穩定的性格特質。火象星座的人大多有其獨特想法，許多人會認為他們過於自我中心，但是這或許是因為他們總是勇往直前，而不顧及左右。

火象星象的人總是不甘落後，他們活躍於團體中的最前線，喜歡引領氣氛，充當決策層、領導者與冒險者的角色。牡羊座的人喜歡開創局面、獅子座的人喜歡建立王國、射手座的人則熱愛自由的世界，這群人擁有著無限的理想與抱負。他們天生散發著正能量，積極努力地在人生舞台上尋求自我實現，他們對夢想的追求一直是永無止境。

相對地，他們所展現出的處事方式有可能會過於尖銳，甚至會淪為專橫、自私、傲慢⋯⋯等負面特質。例如，牡羊座的自私幾乎是人人詬病；獅子座的盲目與自大也容易令人討厭；射手座的不受控制也很讓人十分頭痛。這類的行徑一再地凸顯他們是一群自我中心的實踐者，一旦他們發現「自我」這塊利益遭他人侵犯，便會不遺餘力地展開反擊或是切割，因此容易引發情緒上的爆發。雖然三個星座各有不同的爆發方式，但屬於火象星座的他們在容忍度上都有待加強。

獅子座 ────────────

對應顏色：紫色

對應人物：國王

對應靈數：1

對應生肖：馬

正面特質：自信、創造、領導、表演、熱心助人、表達

負面特質：驕傲、奢侈、不喜被忽略、懶惰、無法認同他人

　　獅子座的人十分活躍且熱衷於工作，隨時充滿著自信與自滿，並擁有崇高的理想與目標。火象星座的人由於受到太陽神影響，本質上有如熊熊烈火般神聖光明，對世界充滿著希望，相信自身擁有充沛的能力、洋溢的才華、不畏懼戰鬥且勇猛果決的勇氣，喜歡在勝利與光榮的氣氛中享受成功帶來的飽滿果實。

　　獅子座的人在個性上擁有強烈的權威及優越感，時常表現得獨裁又自大。他們十分重視個人名譽與人緣，並且有著強烈的領導慾望。對擁有獅子座牌卡的人來說，「名譽」即為人生最大的勝利，而「人緣」則是心靈的安定劑，可以讓自己永遠保持充沛的動力。為了使自己的生命活得有意義，獅子座的人喜歡讓人生波濤洶湧，並且可以為榮譽付出一切代價。

牡羊座

對應顏色：紫色

對應人物：皇后

對應靈數：1

對應生肖：狗

正面特質：勇氣、勇於面對挑戰、熱情活躍、好奇心強、動作快

負面特質：好戰、不服輸、沒耐性、自我中心、對親近的人脾氣差

　　「不認輸、不想輸」是代表牡羊座的精神口號。屬於火象星座的牡羊座擁有獨立自主的精神，永遠充滿活力且鬥志高昂。個性坦白率

直的它樂於接受各式樣的挑戰，具有火神般的濃烈熱情，善於點燃希望且相信成功，是隨時隨地都處於行動狀態的星座。

　　牡羊座的人腦筋動得很快，做事時也積極主動、頗具野心，更喜歡居於領導的地位，憑著自我判斷作為行事基準，但在個性上較缺乏耐性，因此討厭受到他人的干擾、阻礙或是扯後腿。

　　牡羊座的人本質上相當自我，不管在面對職場或生活都有很強烈自主性以及自我主張，一旦遇到不願接受的狀況時，便會有抵抗的反應。牡羊座的人雖然普遍缺乏耐心也容易生氣，但其實他們的本質十分友善，只是爆點比較低。不過，他們在回到家後便會呈現出一種放鬆的狀態，甚至有點懶散。

　　牡羊座的人富有勇敢、冒險、不吝嗇、有領導人物氣度的優點，同時也具有令人驚訝的想法和主張，他們積極於進行各項行動與決定，絕對不會優柔寡斷。

射手座

對應顏色：紫色

對應人物：王子

對應靈數：5

對應生肖：虎

正面特質：大膽冒險、上進好學、樂觀、幽默風趣、好奇心強

負面特質：不受拘束、害怕承諾、說話犀利、不穩重、不修邊幅

　　射手座的人因受到希臘神話中守護星丘比特的影響，對任何事物都充滿好奇心，喜歡吸取廣泛性的知識，樂於體驗各種不同的經

驗。這種性格好比火一般的熱情，不會受到任何束縛。他們對未來充滿希望，可以為了成功而不眠不休，可說是絕對的完美主義者。此外，射手座的人天生具有使命感，會為達目標不惜代價，也可以說是視勝利為人生方向的行動派。

此星座的人崇尚於自由與追求刺激，具有寬大的精神、豐富的知識以及陽剛的氣質。他們喜歡用自己的想法來發揮服務精神，同時也對人生抱持著熱情開朗的態度，是個自由派的樂觀主義者。但是，他們有時也會因為思考速度過快而導致別人跟不上腳步，進而產生誤解。

為愛而生的水象星座

水象星座中有三個成員：巨蟹座、天蠍座、雙魚座。水象星座象徵著豐富的愛與生命力，是一組以感性為主的星象。「水」為最基本的生命力元素，象徵的滋養天地萬物，因此水象星座的成員都很容易情根深重，他們往往對愛情抱有深刻的印象，不惜飛蛾撲火，無怨無悔。

屬於此星象的人通常有著超然的洞察力，天生就能感覺到他人的情感波動與需求，只要他們願意，便可在情感面上深入他人內心，成為其好友或是伴侶。有趣的是，水象星座的人如同水一般，在看似平靜溫柔的外表下所呈現的是波濤洶湧的心理世界，加上富有同情心和愛情，因此也容易感動或是流淚。浪漫多情、依賴性強、外剛內柔，如同水一般的善變，這三種星座的人較容易陷入彆扭，不願意表達自己的想法，但又希望對方能感受到來自己內心的窘狀。

重視情感層面的他們愛起來可以無私忘我，默默奉獻，但是一

且對方不領情或訣別，便會激起他們心中強烈的不滿，連溫婉的巨蟹都有可能會釜底抽薪，更何況報復心強烈的天蠍，以及熱愛給人帶綠帽的雙魚。對於水象星座的成員來說，情感往往是他們最大的難關。

天蠍座

對應顏色：粉色

對應人物：國王

對應靈數：7、8

對應生肖：兔

正面特質：持續力強、權威、迎接挑戰、愛恨分明、敏感、完美主義

負面特質：多愁善感、隱藏、冷酷無情、毀滅、鑽牛角尖、善妒、極端、佔有欲旺盛

　　天蠍座屬於水象星座，在西方神話中由象徵冥王星的死神普魯托所守護，擁有強韌的生命力及永不倦怠的充沛精力。天蠍座的人膽大而心細，做事經常憑藉靈感，對於神秘與未知抱有非比尋常的興趣。天蠍座的人性格就像流水一般，具有很好的適應性，可以為了獲得更好的結果全心全意投入工作，不達目的誓不罷休，在精神上具有追根究底的探索心。

　　作為不斷自我要求的天蠍座，其神秘的內在世界常讓人無法理解，卻天蠍座的人卻具有可以探知他人心深處的超強感應力。天蠍座的人做任何事情都會有始有終，堅韌的意志力是他們最強大的武器，一旦有了目標便會不畏艱難地追尋，直到達成目標為止，其旺盛的行動力非其他星座的人所能及。

關於情感方面，天蠍座的人較為偏執，愛恨分明。對於自己認定的伴侶容易產生強烈的安全需求以及掌控慾望，控制欲較為強盛，因此很容易變成恐怖情人。

巨蟹座

對應顏色：粉色

對應人物：皇后

對應靈數：4、6

對應生肖：羊

正面特質：溫柔感性、保護家人、熱愛收藏、敏感、同情心

負面特質：情緒化、沒安全感、自私、被動、沉溺回憶、隱性的掌控、潛藏的好勝心、不真誠

同樣為水象星座的巨蟹座擁有溫柔、體貼與散發母性光輝的特質。水象星座的人本身就如水一般，具有順應環境、可塑性高的本質，對於周遭狀態也十分敏銳，預知能力也較強。不過，他們情緒化的特質可能會因為受不了外在的環境變化，替自己創造一個封閉的舒適圈。

擁有巨蟹座牌的人十分重視家庭觀念，具有十分細膩而柔和的情緒，並容易選擇用沉默來表達意思。由於巨蟹座的守護星是偉大的狩獵女神，因此在自我防衛本能上較為強烈，容易表現出對物質與情感的慾望。大體而言，巨蟹座的人溫柔、善良，不喜歡與人起爭執且多愁善感，擅長於照顧家人但也容易受他人影響。總而言之，巨蟹座的人所在之處便能形成快樂的氛圍。相對地，巨蟹座難以直接拒絕他人，容易為

了滿足他人而偽裝自己，或是以軟性或迂迴的方式來達成目的。

雙魚座 ────────────────────────

對應顏色：粉色

對應人物：公主

對應靈數：2、9

對應生肖：豬

正面特質：想像力強、具有同情心、藝術特質、浪漫多情

負面特質：不切實際、多愁善感、只說不做、易受傷、軟弱、懶散

　　雙魚座的人受到西方神話中的守護星海王星影響，使他們擁有一顆想像力豐富與寬容的心，其性情溫馴如魚一般，喜歡沉浸在自我世界的夢幻之中。如同另外兩個水象星座，雙魚座的人也擁有水一般的可塑性，除感情豐富之外，為人也很正直，並具有敏銳的洞察力。但是，他們因情緒化容易受到外界影響，其行為思考模式十分善變而不自覺，習慣依循情感行動，極度欠缺理性判斷。

　　屬於此星座的人溫和善良，擁有夢幻般的心思與神秘性，他們通常心存慈悲，不會有意加害他人。但是，雙魚座的人也存在兩種極端的性格，就像愛與恨的一體兩面，他們的精神糾葛難解，常在感情相互交錯下造成其心緒更加複雜，如同川劇中的變臉，說變就變。

理性客觀的風象星座

　　風象星座中有三個成員，分別為：水瓶座、天秤座與雙子座。如

同前面章節所述，它們都是由兩個元素組合而成。這類星座的人聰明、愛好思慮且追求公平等，是一組理性邏輯至上的星象群。

風本身沒有形體，充滿各種無所侷限的變化，是瞬息萬變的星座。此星象的成員可能不是十二星座中最聰明的一群人，但對事物的悟性極高，加上好於提升自我價值，追尋世界上的真理。不同於火象星座富有遠大的抱負，風象星座的人對於外界抱有更多的好奇心與探索心，他們願意花上時間去尋找科學真理與哲學答案，因此廣布於各項學術領域之上。但是，風象星座的人傾向於追求腦中的思想，現實的實踐則不是他們的主要目標。「抱負飽滿，現實骨感」這句話可說是風象星座成員的現實寫照。

由金星守護的天秤座酷愛美感，對情感和藝術具有極高的鑑賞才能；由水星守護的雙子座則善於知識探索及筆墨寫作；由天王星守護的水瓶座總是標新立異，才華橫溢，因此，風象星座的成員大多智商出眾。

但是，或許是因為過於專注於真理與藝術，風象星座的成員對於感性情緒與人際氛圍較為排斥，深怕這些不穩定的因素情緒會摧毀他們辛苦建立起的學術殿堂。

水瓶座

對應顏色：藍色

對應人物：國王

對應靈數：9

對應生肖：鼠

正面特質：與眾不同、獨立、冷靜、好奇心強、聰明、人道主義

負面特質：冷酷、不合群、孤僻、不穩定、變化大、無法捉摸

風象星座中的大當家為水瓶座，其上知天文下知地理，擁有豐富的學問以及預知未來的能力，個性方面則非常聰慧且極富理性。水瓶座的人在個性上以風一般的流動性為基調，重視知識且熱愛思索，是一位能忠於自己信念與理想的知識分子，而他們在人生中往往都有自己一套的邏輯處世觀，並不容許別人挑戰。

　　水瓶座的人天生反應力快，擁有很強的自由和創造力，並重視理論與流程，有著優秀的推理力及創新的改革力，在碰到能一展所長的機會便能備受賞識。此外，水瓶座的人具有大愛，喜歡到處結交志同道合的朋友，也相當尊重個人自由與強調平等，富有人道主義的精神。但是，有時他們也會因過於重視平等與公平，促使身邊親近之人受到遺忘或冷落。同時，其願意為朋友兩肋插刀的個性，亦容易導致水瓶座的人背負許多與無關自身的紛擾。

天秤座

對應顏色：藍色

對應人物：皇后

對應靈數：2

對應生肖：龍

正面特質：機智、公平、優雅、具迷人魅力、富有美感與藝術天分

　　天秤座是風象星座中最優雅的星座。天秤座的人具有相當高的審美意識，對於美學相關的事物非常敏感。其洞察能力高、腦筋靈活敏捷，擁有像風一般自由自在的想法，就象是一位能從多方面捕捉事物本質的思考者，也因此對於自我有一定程度的要求，在他人面前絕

不允許自我失敗或表現出瑕疵。

　　因此，擁有這星座牌卡的人通常能瞭解他人的思緒，使其天生平易近人。天秤座的人在人際關係的經營上總是能得心應手，喜歡和諧與中庸之道的他們不愛走極端與製造衝突，也因此偏向於配合他人。天秤座的人往往處於理想與現實中的糾結，若他們能從其中找到一個平衡點，便能夠找到人生幸福的泉源。

雙子座

對應顏色：藍色

對應人物：王子

對應靈數：3

對應生肖：猴

正面特質：聰明、反應快、擅溝通、博學、好奇心強、學習力強

負面特質：不穩定、持續性不高、雙重性格、獨善其身

　　雙子座是兼備知性與活力的星座。雙子座的人反應十分靈敏，在性格上偏向知性，具有豐富的學識修養。其潛在個性就像風一般擁有流動的特質，思想行為上則著重理性與因果。由於他們十分重視知識的追求，但同時又具備悲觀與樂觀的雙重性格，因此。雙子座的人通常會是擅於觀察事物的思考與評論家。

　　此星座的人對任何事物的要求與其理想皆有一定門檻，在決定好自己的目標後便會朝著目標前進，就算無法立即達到目的卻也不會輕易放棄。不過，由於其好奇心旺盛以及反差性格，雙子座的人總是擁有著斜槓青年般的人生。不論是在求學、職場、愛情……等領域，

他們往往會陷入種魚與熊掌無法兼得的困擾，卻又無法從中做出選擇與切割。在本質上，擁有雙重性格的他們將價值觀建立在知性與精神之上，是個對於流程與因果感到興趣，想要一探究竟的星座。

物質主義的土象星座

金牛座、處女座、摩羯座這三種星座皆歸屬在土象星座。如同字面上含意，土是地球上滋養萬物的元素，因此土象星座的人往往可靠且足以被仰賴。這類的人做事周到、實際且踏實，對於責任義務與現實謀生相較於其他星象的成員更加重視，換言之，土象星座的人更懂得與世間的步調維持一致。

擁有土象星座牌卡的人會更加理解金錢和財物的重要性，並且能夠接受自己和他人對這些事物的依賴。他們十分關切現實，因此更能接受眼前的現實和具體事物，這點也使他們在思考事情上更貼近人性，但相對地，土象星座的人對於物質保障的依賴程度也高於其他星座的人。

金牛座 ────────────────

對應顏色：綠色

對應人物：國王

對應靈數：4

對應生肖：雞

正面特質：實際、務實、誠信、有決心、感官力強

負面特質：沒安全感、重視物質、固執倔強、行動力緩慢

　　土象星座的大家長是金牛座，擁有這張牌卡的人重視現實感受超過假想理論，自我防衛本能也較強，個性方面則性情溫馴且值得信賴，並擁有些憂鬱的特質。金牛座的人平時看起來相當溫馴，但當他們一旦決定採取行動時便會充滿鬥志。同樣的，如果他們缺乏動機，則沒有任何人可以使他們展開行動。

　　金牛座的人本身具有穩重平實的處事態度，做事積極認真，對事物的看法頗有建設性，更具備豐沛的生產力與成本衡量的計算力。「本位主義」是金牛座堅守的信念，對於他們來說，僅憑感覺去做出任何決定或行動皆為無機荒誕之談，也絕對不會接受這樣的想法。

　　誠實是金牛座的一大優點，他們也同時拒絕魚目混珠的行為。金牛座的人喜歡以自己的步調行事，因此不管做什麼決定或採取行動，經常需要比別人花更多時間來執行。

魔羯座

對應顏色：綠色

對應人物：皇后

對應靈數：8

對應生肖：牛

正面特質：領導組織、傳統、成熟穩重、目標遠大、堅持理想

負面特質：工作狂、不知變通、老成世故、易孤獨、功利主義

　　摩羯座擁有穩定的基本性格，畢竟它受到守護星土星的支配，

其天生具有不可思議的吸引力就如同大地一般值得信賴，富有生產力與建設性。摩羯座的人擅長有效地利用時間，能充分運用上天所賦予的特質，認真地度過生命中的每一時刻，也是所有土象星座中最能刻苦耐勞與追求完美的星座。

對摩羯座的人而言，認真努力與熱衷工作都是人生中的基本。摩羯座的人生觀主要是建構於志向遠大之上，與凡事爭第一的英雄主義不同的是，他們會在自己的能力範圍內盡最大的努力，無論過程多麼艱險荊棘，都會以堅強的毅力及不屈不撓的精神去突破重重難關，以獲得最後的勝利。因這樣容忍的性格，他們不擅於拒絕，尤其是來自家人的請求。擁有摩羯座牌卡的人經常會為了自己重視的人去努力，擔任家庭中的梁柱。不過，摩羯座的人有時會因為過於務實而陷入功利主義，畢竟他們雖然嘴上不說，但也不會一直任人予取予求，若是不小心踩到他們的底線，後果可是會不堪設想。

處女座

對應顏色：綠色

對應人物：公主

對應靈數：6、7

對應生肖：蛇

正面特質：組織分析、謹慎、穩定、負責、擅於思考、注重養生

負面特質：嘮叨、神經質、潔癖、狡猾、挑剔

處女座是土象星座中的最後一位成員。由水星所守護的處女座直覺力強，擅於預測將來的演變，而多愁善感的個性也是這個星座的

特質。處女座的人具有像大地般的穩重感，不會輕易被他人所影響，也不喜歡刻意去影響他人的想法。典型處女座的人擁有豐富的知識，同時對新奇神秘的事物容易感到興趣。他們做事態度的一絲不苟與有強烈的批判精神，使這群人表面上雖不發表意見，但實際上並不認同，因為他們只是不願意因此做出強烈批判。

處女座的人洞察力很強，通常是崇尚高度理想的完美主義者。雖然他們不像風象星座般具備才智與理性的特質，但在談到實務與執行能力，處女座的人絕對比其他星座的人還要強力。討厭虛偽與不正當是處女座基本的性格，這與其純真和帶有點潔癖的性格有關。他們喜歡學習各種事情，投資自身的實際價值，不論對任何事都能全心投入。好學、好奇及研究心旺盛是擁有處女座牌卡人的絕對優勢。

十二生肖

在東方社會裡，相信許多人對於十二生肖以及相關故事都是耳熟能詳的，畢竟華人不僅將之用於記載年分，許多宮廟中的求神問卜與抽籤問卦亦與其息息相關，可說是中國傳統文化的重要傳承。接下來就讓我們一起來了解他們的特質。

由天干地支形成的十二生肖

根據歷史學者考據，自商朝開始，古人便開始使用天干地支紀日，到了漢朝，這套系統也開始被用於紀年，稱為「干支紀年法」。以動物紀年的方法最初起源於中國西、北部的遊牧少數民族文化，到了秦漢被納入地支系統，逐漸演變成了現代的十二生肖。有趣的是，早期的十二生肖有數個版本，與現代通用版本皆有所差異，例如以蟲代替龍、以鹿代替蛇，甚至連現代越南的十二生肖之中也有以貓代替兔的現象。

鼠

對應星座：水瓶座

對應顏色：藍色

對應人物：國王

對應靈數：9

　　屬鼠的人記憶力很強，總愛提問題，對於身邊的人事物幾乎皆能瞭若指掌。對於外在他們喜歡追根究底，是位喜歡探聽別人秘密的專家，甚至會當作嗜好把它們記錄下來，但對自己的秘密卻保守得很好。

　　擁有鼠生肖牌的人通常喜歡管閒事，不放過任何一個可以打聽消息的機會，雖然他們的本意上大多出自於想要幫助他人，但對於一些人來說，這種行為顯得有些雞婆。這類型的人獨具慧眼，也因此從中誕生出許多優秀的作家。由於他們不輕易透露自己的感情，因此一旦被別人發現後，便會產生被侵犯的感覺，進而做出憤怒、無禮或脫序……等行為。

牛

對應星座：魔羯座

對應顏色：綠色

對應人物：皇后

對應靈數：8

　　屬牛的人本性腳踏實地，不容易意氣用事，因此單憑情感很難動搖屬牛者。如果有人想要徵求屬牛者的意見，他們總是能夠提供確切又踏實的方案。然而，這類型的人較為固執，因此向他們溝通需要

充份地運用耐心和智慧。

　　擁有牛生肖牌的人者體質很好，不易生病，天生帶有自信而不輕易妥協，不過他們有時候也會因此輕視軟弱的人。如果這類型的人可以培養更多的幽默感和熱情，人生將會更幸福美滿。

虎

對應星座：射手座
對應顏色：紫色
對應人物：王子
對應靈數：5

　　屬虎的人向來不知疲倦為何物，他們的行動力很強，但有時會也變成魯莽。屬虎者生性多疑，遇事容易搖擺不定，經常會做出草率的決定，但他們同時也難以輕信他人，不知該如何穩定自己的情緒，因此常憋不住心事。有趣的是，這類型的人通常擁有誠實、溫柔、慷慨的個性，天生帶來的幽默感，內心總相信世界充滿浪漫與熱情，這樣的反差常常讓他們有種讓人捉摸不定的感覺。因此，許多人覺得屬虎者較不容易有定性。

　　擁有虎生肖牌的人在嫉妒時，容易與他人爭吵並表現出佔有慾。他們的人生課題通常為控制自己的脾氣，否則將會替自己招來橫禍。若能克服情緒問題，屬虎者的晚年便能在平安中度過。

兔

對應星座：天蠍座
對應顏色：粉色

對應人物：國王

對應靈數：7、8

　　屬兔的人表面上可能會對別人的意見無動於衷，但私底下可能會因此大受影響，甚至表現出意想不到的反應。屬兔者擁有看似不易與人爭吵的保護色，其實他們具有高度的欺敵性，當屬兔者專注於目標時，則會變得更加深不可測。

　　擁有兔生肖牌的人對親近之人溫柔親切，對其他人則敷衍塞責，甚至有點接近冷漠無情，但他們還是會披上溫文儒雅的假面具以不影響對方。這類型的人喜歡盡情享受，他們通常會把自己的願望放在第一順位，也因此對於無關自身的麻煩事會感到相當厭煩。

　　此外，擁有兔生肖牌的人個性羞怯，在考慮問題時會較為全面，思想深度高，因此也希望別人能夠跟他們一樣。當別人無法達到期望時，他們就會感到特別的不舒服，自然也不會展現出體諒。

龍

對應星座：天秤座

對應顏色：藍色

對應人物：皇后

對應靈數：2

　　屬龍的人個性寬宏大量，充滿生氣和能量。對屬龍者來說，生活是五顏六色的彩霞，儘管他們相當自我為中心，容易帶有偏見、行事武斷、異想天開、要求過高或蠻橫專行，但龍人身上散發出來的魅力使他們從未因此失去他們的信眾。

龍的性格驕傲、自詡清高，通常在人生中的早期階段便樹立起理想，同時要求他人保有同樣崇高的理想與抱負。由於龍總是翱翔於天際，擁有龍生肖牌的人對於他們的人生總是充滿著積極，難以長期保持沉默或處於低調，即使位於人生的低潮，也會在短時間內從中掙脫。每當有這類型的人所在的場合，群眾的注意力焦點便會聚焦在他們身上。持有龍生肖牌的人所散發出來的熱情魅力往往能激發出他人心中的火花。

蛇

對應星座：處女座
對應顏色：綠色
對應人物：公主
對應靈數：6、7

　　屬蛇的人通常會依自己的直覺行事，但不會因此與他人推心置腹，屬於踽踽獨行的組群。屬蛇者可能有極高的宗教造詣，卻同時也是個享樂主義者。不論如何，他們寧願相信自己的直覺，也不輕易聽信他人的建議。

　　一般而言，擁有蛇生肖牌的人總是靠自己的行事標準行遍天下，在老練的外表下隱藏著高度的探究心，除非自己親眼見證，否則對於外界事物皆抱持著懷疑。有趣的是，他們總是不願承認這點，因此表裡不一成了許多人對於這類人士的刻板印象。這類型的人總是在保有不動聲色的外表下，全天候開啟他們的雷達默默觀察，也因此旁人以難以察覺他們的思緒。簡單來說，持有蛇生肖牌的人屬於喜怒不形於色的組群，在採取行動前必會先精心策畫，雖然有時候的行動步

調較為緩慢，但絕不代表他們不具有強大的行動力和思考邏輯。

馬

對應星座：獅子座

對應顏色：紫色

對應人物：國王

對應靈數：1

　　屬馬的人個性急躁、性情固執、脾氣火爆但是也直來直往，就算發脾氣也只是暫時，並不會將這些念頭一直記在腦中。屬馬者經常難以意識到自身的弱點，也因此無法有效地改正，這樣的特質使得屬馬者有時自以為自己是一個樣子，在旁人眼裡卻是另一個樣子。

　　擁有馬生肖牌的人較無法體諒動作較慢的人，也容易將不滿的情緒直接表現在臉上。這類的人總是胸懷大志，但缺乏途中所需的耐心，可說是三分鐘熱度。每當有重大事情需做出決策時，這類型的人經常會滿足於過去的成就並陶醉其中，進而忽略了眼前的大事。自我鞭策是持有馬生肖牌的人的人生課題，若能時時自省，次次改進，便能擁有燦爛美好的人生。

羊

對應星座：巨蟹座

對應顏色：粉色

對應人物：皇后

對應靈數：4、6

屬羊的人舉止優雅且極富同情心，是喜愛動物與孩童的自然主義者。屬羊者大多十分照顧家庭，豐富的同理心使他們更能了解他人的難處，使他們更容易諒解並接受旁人的過錯。除了擁有寬容的特質外，屬羊者在金錢與時間方面皆十分慷慨，當朋友有難時總是會伸出援手，給予適當的幫助，這樣的個性使他們朋友眾多，並擁有不錯的人際關係。

擁有羊生肖牌的人不愛受到拘束，所以通常也會寬以待人，對於他人的缺點或過失也不會輕易批評。他們個性溫和，不習慣主動表達意見，但同樣也不喜歡在壓力底下行事。「己所不欲，勿施於人」可以說是這類型的人的最佳代名詞。

猴

對應星座：雙子座

對應顏色：藍色

對應人物：王子

對應靈數：3

猴子是十二生肖中最接近人類的靈長類，也因此屬猴的人非常在個性上非常靈巧，但同時也擁有強烈的自我優越感，甚至有點唯我獨尊的傾向。屬猴者在思考時傾向從自我利益為出發點，同時重視自己的名譽與實際利益，並希望自己總是能維持在舞台中央。

每當擁有猴生肖牌的人看到他人擁有自己所沒有的事物或成就時，便會激起他們的強烈的競爭意識。不過，這類人士平時總是行事低調，他們會將自己的意圖隱藏起來，隱密地安排行動計劃。雖然持有猴生肖牌的人總是給人心機重的觀感，但不得不承認他們縝密的心思是其他生肖無法比擬的特質。

雞

對應星座：金牛座

對應顏色：綠色

對應人物：國王

對應靈數：4

　　屬雞的人在任何場合總是希望能引起他人的關注，甚至有時會不顧及他人感受。總是處於高昂狀態的他們即使陷入低潮，也不會讓自己在谷底待太久，而是會迅速地重新爬起來。

　　擁有雞生肖牌的人習慣於四處宣揚個人理念，這是他們用以博取他人信任的主要方式。大部分的持有雞生肖牌的人都有點雙重標準，這或許是為了降低他們在低潮時所感到的消沉與不安，並讓自己能夠快速再次站起。不過，這種行徑可能使旁人認為他們是在逃避責任，或將責任強加在他人身上，是屬於容易被誤解的一群人。這類型的人重視金錢與回報，因此賭性多較為堅強，也往往有財運加身的運氣。

狗

對應星座：牡羊座

對應顏色：紫色

對應人物：皇后

對應靈數：1

　　屬狗的人擁有善惡分明的特質，他們總是有一套清楚的分類規則，將周遭的人逐一分類管理，放進自己的陣營清單。對於屬狗者而言，朋友便是朋友，敵人便是敵人，這之間不存在任何灰色地帶。

擁有狗生肖牌的人不會輕率地表達立場或做出評論，即使內心對於他人有所懷疑或是好惡，也不太會直接提出。他們的個性急躁，容易起伏，但也不會無憑無據地對他人做下定論，不過當他們找到關鍵證據，做出結論後，便會對自己的立場或觀點堅定不移。工作方面，持有狗生肖牌的人是不吝於對人伸出援手，只是較缺乏包容與忍耐。另外，這類型的人也是家庭最忠實的守護者。

豬

對應星座：雙魚座
對應顏色：粉色
對應人物：公主
對應靈數：2、9

屬豬的人堪稱為 12 生肖中的享樂主義者，他們對待旁人就如對待自己般毫不吝嗇，並且願意分享自己所擁有的任何事物，並試圖在付出同時從中受益。不過，屬豬者的精神世界較為薄弱，對於感性情緒與人際氛圍反應較慢，甚至可以說是有些遲鈍，雖然他們可能也不太在乎。

擁有豬生肖牌的人較容易因專注於眼前的事物而忽略了大方向，但也因為這點，他們反而比其他人更能夠苦中作樂。有趣的是，有些災難的來源卻也是出這種過份慷慨或短視近利所導致。持有豬生肖牌的人在無法達到別人要求的標準，或是感受到自己能力不如預期時，他們若不是積極地面對現實，便是走向沮喪、失望、自暴自棄……等極端途徑，可能需要花上許多時間才能從中振作。時時調整自我以及做好長途規畫會是這類人士的人生課題。

四種人物

在透過前幾章節充份了解生命靈數、星座、生肖三大主軸後,接下來便來談談「荃字塔羅牌」中最重要的兩項元素:人物與性別。這兩種元素是有別於其他占卜命理系統中,「荃字塔羅牌」的最特別元素。

「荃字塔羅牌」共有十二張牌卡,可細分為四種人物元素,分別為「國王」、「皇后」、「王子」與「公主」。以下將針對每一位人物的特質進行探討,以及分析其能量強弱。

國王

「國王」的象徵為父性,擁有國王牌的人性格較為外向,想法相對固執,脾氣偏向剛硬,處事上則著重於大局。此外,「國王」牌在四種人物中擁有較強的能量。舉例而言,若某人擁有兩張國王牌,代表這個人堅忍不拔;若他擁有三張國王牌時,則代表此人個性固執,只相信眼見為憑,不容易被人所說服。

有趣的是,在「荃字塔羅牌」的系統中,最好的能量搭配為

「陰陽相濟、中庸之道」。如果今天有位女性擁有兩張國王牌，代表這位女性的性格堅強，雖然有點容易鑽牛角尖，卻不像男性擁有兩張國王牌那樣脾氣剛硬，個性與表達上會較為沉悶。相較於男性，女性拿國王牌屬於陰陽調和，保持中庸之道。

皇后

「皇后」的象徵為母性，就像媽媽照顧孩子一樣，擁有皇后牌的人較擅長於關心照顧週遭朋友或家人，個性方面較為內向，內心世界也較為豐富。此外，皇后牌擁有陰性的能量，也是溫柔的代表。因此，皇后牌愈多的人在性格上也會愈溫和體貼。若某男性擁有兩張到三張的皇后牌，則此男性多半脾氣溫和，比較好相處，不太會與人起爭執或衝突，在感情上則容易有優柔寡斷的傾向；若是女性擁有愈多皇后牌，則她的身分多半是家中的長女，在同性朋友間則時常扮演著照顧大家的角色。

擁有皇后牌的人，對於資源的掌握與分配相對重視，就像一位擁有三個孩子的母親會隨時注意，每一個小孩所得到的關心與照顧是否公平一致。

> 我們可以用一句話看出「國王」與「皇后」牌的差別：
> 國王要是面子，皇后要是裡子。

王子

「王子」的象徵為小男孩，是性格活潑的代表。擁有王子牌的人在人際關係上屬於呼朋引伴的同樂型，很容易結交到許多不同類型的

朋友。「王子」與「國王」牌差異在於：「國王」較具有領導特質，「王子」則偏向自由自在。擁有較多王子牌的人心思較為靈活，處事上會相對積極，只是在思慮上不如「國王」與「皇后」這兩種大人牌來得周詳，畢竟小孩子不會像大人那樣總是有一堆事在心頭，因此在心思上偏向單純善良，也不會有過多的心機。

　　如前文所述：「陰陽相濟、中庸之道」，擁有「王子」牌的女性口才極佳，容易與異性朋友打成一片，交友範圍也較為廣闊，個性則是活力十足，卻也因此不太容易與同為女性的朋友相處；擁有「王子」牌的男性則會在個性上偏向衝動，犯錯時也較不容易低頭認錯。

公主

　　「公主」的象徵為小女孩，可說是受人疼愛的代表。擁有「公主」牌的人在個性上較為乖巧，脾氣相對內斂。他們的身邊總是圍繞著志同道合的朋友，如同小女生圈子內的交友模式，各有自己喜歡的小團體。此外，擁有「公主」牌的人在價值觀方面傾向控制性擁有，對於自身擁有的人際關係與資源極度重視。

　　擁有「公主」牌的男性可能會有同性愛的感情傾向，在感情層面較難以承擔責任，需要成熟的伴侶（大人物牌面居多者）作為擔當，兩者的感情關係才能維持長久；擁有「公主」牌的女性天生對於安全感有強烈的追求，容易喜歡上能帶給自己穩定生活或情感關注的伴侶。

> 我們可以用一句話看出「王子」與「公主」的價值觀差異：
> 王子喜獨處，公主愛群居。

　　在解讀個人擁有的釜字塔羅牌組時，可以以數量較多的牌綜合

研判該人的性格傾向，例如：擁有多張國王牌的人，脾氣比較火爆，在人際關係上需要大量的肯定及掌聲；若某人皇后牌較多，對於週遭人事物的掌控慾望就會比較強，不喜歡看見事情出現失控的狀況；王子牌多的人在團體中總是擔任衝鋒發起人或開心果的角色；公主牌多的人則容易沉浸在個人世界，對外在的人事物擁有諸多的自我想像。

「釜字塔羅牌」這套系統可單從一張牌觀察一個人的性格特質，也可以透過牌組中所出現的人物、性別、星座、生命靈數、生肖綜觀個人的全面人格特質。在牌組中出現的多數元素為一個人的「外在個性」，少數獨立出現的元素則為一個人的「內在個性」，綜觀兩者才能客觀瞭解一個人在人格上的全貌。

因此，即使是一模一樣的牌組，在不同性別的個體身上也會呈現出相異的傾向。如前文所述：「陰陽相濟、中庸之道」，這也是「釜字塔羅牌」有別於其他占卜命理系統的獨特之處。

幸福是用來感覺，不是用來比較。

意念創造真實，天天有奇蹟，處處有生機。

Chapter

2

大數據魔法：
荃字塔牌牌組特質

在前一章節中詳細介紹了所有荃字塔羅牌的基本元素，並將其分門別類逐一進行說明解析。這一章節將要教導讀者如何將這一些元素融會貫通，實際運用於荃字塔羅牌命理系統中。

認識自己
找出自己的星座、生肖、生命靈數

　　相信許多讀者對於星座、生肖或是生命靈數等各項占卜或命理元素擁有豐富的研究經驗，不過將所有元素綜合起來討論相對而言更為複雜。由於在釡字塔羅牌的系統中，每個人依照運算規則整理出自己的牌組後，每一副牌組都會由 3 至 4 張牌所組成，因此對於排列組合後的解讀解析更是需要靈活的反應邏輯，以及大量的練習時間才能夠真正的融會貫通。

　　現在就讓各位讀者了解自己的特質吧！

外顯行為、隱藏性格與潛能

　　若是要了解某一人所擁有的牌組，首先需要知道他的出生年月

日，而荃字塔羅牌的體系中採用的是西元的年度計算。以實例為例，小荃荃的出生年月日是西元 1971 年 8 月 26 日出生，依照荃字塔羅牌的三大主軸，需要先查出小荃荃的星座、生肖與生命靈數作為 8 月 26 日出生的人為「處女座」；1971 年為民國 60 年，此年為「豬」年；而將出生年月日的所有數字相加到個位數後，其生命靈數為「7」。因此便可以知道小荃荃的荃字塔羅牌密碼為：處女座、豬、7。

在收齊三大元素後，再從荃字塔羅牌中找出標有「處女座」、生肖「豬」的牌，以及標有生命靈數「7」的牌。基於上述原理找出來的這 3 張牌即為小美專屬的「荃字塔羅牌牌組」。依照下圖的位子，依序將這三個元素填寫上去。其中，星座代表個人的外顯行為，生肖特質為個人的隱性性格，而生命靈數則意含個人的潛在能力。

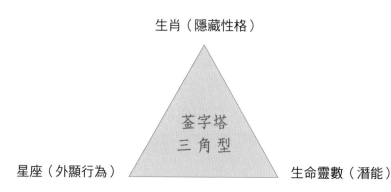

生肖（隱藏性格）

荃字塔
三角型

星座（外顯行為）　　　　　　　　　生命靈數（潛能）

特別需要注意的是，根據生命靈數的不同，有些人可能擁有 3 張牌，而有些人則擁有 4 張牌。舉例而言，生命靈數「8」的牌有兩張，因此生命靈數為「8」的人就需要將這兩張牌都加到自己的牌組之中，再加上本身的星座牌與生肖牌，加總起來就會有 4 張牌。在找出

自己專屬的釜字塔羅牌組後，可以透過第一章節的解析，認識自己的內外個性以及各方面的潛能。

　　閱讀至此，相信讀者可能會有些疑問，例如：「我是天蠍座，但我不屬兔，那我也會有屬兔者的特質嗎？」這就是釜字塔羅牌最有趣的地方，各種元素之所以會放在同一張牌，代表擁有其中一種元素的人也同時擁有這張牌上其他元素的特質。因此，就算不是屬兔的人，也會因為星座為天蠍，而同時擁有屬兔者與生命靈數 7 或 8 的特質。同理，屬兔的人或生命靈數為 7 或 8 的人同樣會擁有天蠍座的特質。

　　因此，在找出自己的釜字塔牌組後，可以先回去對照第一章節所介紹的基本元素：星座、生肖與生命靈數。以小釜釜為例，小釜釜在星座上同時擁有天蠍座、處女座、雙魚座的特質；在生肖方面同時擁有兔、蛇、豬的特質；在生命靈數方面則同時擁有 2、6、7、8、9 的特質。這些特質中，有一部分為小釜釜的主要特質，其他則是她的輔助特質或隱藏特質，若想要詳細了解，可從下一章的解析一探綜合特質的究竟，或是參照書中聯繫方式留下資訊，請專業的聊癒師進行說明。

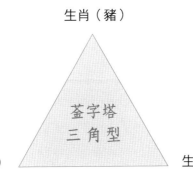

生肖（豬）

釜字塔
三角型

星座（處女座）　　　　　　　　　　生命靈數（7）

綜合特質
每張牌卡的意義

在了解如何組合自己的牌組後，接下來將解釋苯字塔羅牌中每一張牌的特色與特質，並依個人所擁有的苯字塔三角型中的牌組對應來解釋自身的人格特質與性格。在此將依序以四大星象：火象、水象、風象、土象為順序來說明，因此在查詢時可按照星象類別為優先。

【獅子座。1。馬】

這張苯字塔羅牌可說是一切的開始，同時也是所有牌中能量最為陽剛的一張牌，不僅具備了獅子座和生命靈數 1 的元素，是一張代表初始與開創的牌。擁有這張牌的人會是天生的領導者，帶有一股王霸之氣，若能透過後天學習，充實自己的能力與涵養，必定能成為一位

受人所擁載，如同獅子般成為統領百獸的王者。

　　擁有這張牌的人通常需要他人的肯定與掌聲以成就自己。要注意的是，由於生肖馬的影響，持有此牌的人行事上習慣直來直往，所以需要學會廣納雅言，千萬不要固執己見或抱持三分鐘熱度的態度，才能擁有更廣寬的生命格局，享受成功的美好果實。

事業

　　不屈不撓的衝勁是持有者與生俱來最好的利器，只要制訂好計劃並穩健執行，成功必然就在眼前。由於擁有這張牌的人是天生的領導者，適合從事演說、政治、軍旅，或是任何能有機會受到旁人矚目的職業。團隊合作上，持有此牌的人會是一位能帶領團隊衝鋒的領導者，因此在言語溝通與交際上需多加注意自身舉止，應學會謙虛與包容，才不會因樹大招風而受到限制阻礙。

愛情

　　不論是外在表現或內在個性，擁有這張牌的人無論男女都想在感情中占有主導地位，因此若追求對象持有此這牌，千萬別忘了獻上鮮花和禮物，絕對能帶來加分的效果。記住，千萬不可以對他們小氣，因為他們既不小氣，也不喜歡小氣的人。

　　此外，順著毛摸為與持有此牌者相處的不二法門，他們在吵架時即使理智清楚，嘴巴上也不會讓步，因此在發生爭吵時建議先給予他們道一些空間，直到冷靜後再來洽談會是比較合適。

獅子座：愛面子、領導者、愛請客、以自我為中心	性別：♂♂
馬：活潑好動、心直口快、有脾氣	人物：國王
1 號人：獨立、自主、領導者	顏色：紫色，重視 Career

【牡羊座。1。狗】

　　擁有這張牌的人具有牡羊座源源不絕的豐沛活力，鬥志也十分高昂，這也意謂持有這張牌的人在先天性格上較為愛面子，容易因此將自身推入意氣之爭的情境中，並在不知不覺中付出慘痛代價，成了有苦難言的那一位。

　　所幸，持有這張牌的人天性樂觀，不會讓自己一直沉浸在低潮之中。此外，這張牌的擁有者也帶有生命靈數 1 及生肖狗的特質，因此在獨立思考與創意上也擁有較多潛力。值得注意的是，此牌持有者在情緒上容易有專斷獨行的傾向，若發覺自身情緒陷入低潮時，建議從身邊友人聽取建議，因為這將會是解決眼前難題的不二法門。

事業

　　忠誠、執行力與活潑熱情是擁有這張牌的人在職場中廣受歡迎的原因，只要能善用這項先天優勢，不論是面對客戶或是同事，定然能獲得貴人相助。此牌擁有者在行事七分粗三分細，對工作有野心同時也具有美感，適合擔任擁有指揮權的職位，他們身上的堅持與忠誠必然可以成為上司極佳的左右手。

愛情

　　若擁有這張牌的人為女性，本質上會是位讓人如沐春風的爽朗伴侶，和這樣的伴侶適合用朋友般的平等模式來相處，對方也必然會以熱情和忠誠回應；若是男性則要注意不要過於獨斷獨行，另外在情感方面也必須適時放下，才不容易引起兩人之間的衝突。這張牌帶有保護領地的色彩，因此和他們相處只要坦然以對，兩人之間的僵局必會

有出路，反之不要與他們冷戰，否則將得不償失。

牡羊座：熱情、急性子、不記恨、愛生氣	性別：♀ ♂
狗：忠誠、直覺、正義	人物：皇后
1 號人：獨立、自主、主觀意識強	顏色：紫色，重視 Career

【射手座。5。老虎】

擁有這張牌的人是天生的自我主義者，總是以自身利益或是立場為出發點，性格火爆但也不太會仇。持有這張牌的人處世的成功關鍵在於目標是否明確，只要有明確目標，便會為了達成目標全力以赴。同時，持有此牌者不喜歡受拘束、崇尚自由，通常是團隊裡的開心果，也是眾人活力的來源。由於這型人幽默感十足，幾乎不論走到哪都是歡迎人物，也是經常是團體中的焦點人物。不過，此牌擁有者的能量較遊移不定，應經常給自己設定明確目標，才能保有成功之道。

事業

喜愛玩樂的特質正是持有此牌者的特色。因此，每當有人問這類型人適合從事何種行業時，旅遊業、建築師與設計師通常會是他們的標準答案。擁有這張牌的人總是充滿活力，他們樂於學習新事物，隨時保持前進的熱情。對於持有此牌的人來說，只要能夠莫忘初衷，堅持下去，就算是碰到難關，也能夠順利突破，成就自我。

愛情

若持有這張牌的人是他人的伴侶或情人，相信在婚禮影片中所出現

的應是滿滿的出遊合影留念。只要談到玩樂，這類人士就像身體通了電一樣，總是衝在第一。不過，相較於活潑的外在，這型人比較不擅於處理太複雜的情感問題，甚至有時會給另一半不負責任的感覺。然而，並不是他們不願意負責，只是會比其他人更需要多一點時間。只要能陪他們一起走過人生的種種風景，有朝一日便會成為有擔當的梁柱。

射手座：熱愛自由、朋友多、喜愛大自然	性別：♂
虎：熱情，勇敢，表演慾強，要掌聲	人物：王子
5 號人：自由、冒險、熱情	顏色：紫色，重視 Career

【天蠍座。7、8。兔】

天蠍本身是秘密之王，因此擁有這張牌的人在個性上極富神秘感，令人難以捉摸。他們的直覺敏銳，十分善於隱藏、忍耐自身情緒，精神力也相當強盛，但有時會因為過於隱藏自身的不同面向，帶給人喜怒無常的印象。此牌持有者頭腦清昕，對於人與人之間的情緒轉折相當敏感，在看似無害的外表之下，行事作風的大膽程度其實遠遠超過一般人的想像，然而他們在計劃方面卻也相當謹慎詳盡，「大膽行事、謹慎作風」正是這型人的標準做事方式。

事業

在生命靈數中，8 號人具有俗稱的「老闆命」。在釜字塔羅的 12 張牌中，天蠍座與魔羯座同樣都有著老闆命的先天格局。根據台彩公司的中獎者統計，這兩種星座也是受到幸運女神眷顧的中獎常勝軍。

擁有這張牌的人縱然不是老闆，在事業上也同樣能有非凡的成就。與魔羯座的數字邏輯極佳、腳踏實地……等特質不同的是，擁有這張牌的人在事業方面較他人具有野心和聰明分析的頭腦。

愛情

如果哪一位讀者的伴侶擁有這張牌，那麼你一定要先肯定自己一番，因為你一定有著非比常人的優秀之處，才能吸引到這型人心甘情願與你進入一段情感關係。持有這張牌的人在感情中相當重視肉體層面的互動，心思也相當纖細敏感，任何異常舉動皆逃不過他的法眼，而且無論是男是女，他們都有著極強的佔有慾。

天蠍座：執著專一、愛恨分明、神祕	性別：♂♀
兔：膽怯、與世無爭、可以一個人	人物：國王
7 號人：分析、幕僚、軍師、追求真理	顏色：粉色，重視 Love

【巨蟹座。4、6。羊】

這張牌是釜字塔羅 12 張牌中代表「溫柔」的牌，擁有這張牌的人在個性上可以說是相當溫柔、溫馴、甚至有點被動。這型人擅於照顧身邊的人，加上生命靈數 4 和 6 相伴，思考事情時常以感情或是情緒為導向，也因此時常被人情所累。有趣的是，持有此牌者人生命中最如魚得水的方式卻是在幕後掌握權利，像主持家中大小事的媽媽一樣。

事業

擁有這張牌的人極有愛心，個性上則較為被動，基本上會建議他

們在工作的選擇上將「職位」視得比「職業」更重要，因為這型人在工作表現上相當穩定，各行各業、各大公司都需要這類人士的存在。有機會的話，不妨看一下這型人辦公桌的抽屜裡，他們永遠都準備好各種生活小物或是零食，適合擔任職場上的中階管理者或是秘書……等照顧人的位置。

愛情

　　持有這張牌的人既溫柔又穩定，若擁有一段感情多半能夠長久，他們對另一半的包容力相當強。附帶一提，若是女性擁有這張牌，除了會是一位賢妻良母，在家族事業中多半也能擔任為伴侶將事業打理好的職場女性。這類人士先天個性上雖然溫良敦厚，卻也有獨立堅強的一面。能和這型人談場戀愛會是種幸福，只是在尚未步入穩定期之前，他們也比較容易與他人有感情上的糾結，須特別留意不要因此陷入進退兩難的狀況。

巨蟹座：體貼顧家、暗地掌權、多愁善感	性別：♀♀
羊：孝順、重感情親情	人物：皇后
4 號人：穩固、忠誠 6 號人：小愛、服務	顏色：粉色，重視 Love

【雙魚座。2、9。豬】

　　縱觀荃字塔羅牌的所有水象星座牌，每一張牌都對應到兩個生命靈數，這代表水象星座人內在世界的複雜性。擁有雙魚座這張牌的人，個性上應該是屬於水象人中最「矛盾」的一群人。這型人同時具有雙魚座的多愁善感、生性浪漫，亦是水象星座中能量最為遊移不定的一群。

持有這張牌的人喜好追求愛情與浪漫，但由於受到生命靈數 9（大愛）的影響，常使得他們在內心世界產生一種落差極大的寂寞感。這類人士對他人極為友善，不過若持有者是女性的話，便很容易在人際關係中搞小團體。另外，這型人看似什麼都好，卻對於物質的選擇相當明確，因為他們是物質享樂主義者。

事業

這型人先天貴人運極佳，容易受到長輩的喜愛，在職場上碰到困難時也多半會碰上貴人相助。不過，他們對工作目標有時會有些不切不實際的幻想。此牌持有者在外表上看似大方，但實際上卻對於實質利益十分重視，誠摯建議這型人從事藝術相關的工作。另外，他們大器晚成，需要耐心等待適當時機，並且做出正確選擇，才能順利發光發熱。

愛情

擁有此牌者的感情生活十分精采，但也容易發生劈腿的現象，慎選伴侶是他們的先天功課。當這型人感情陷入低潮時，切忌鑽牛角尖，以避免發生不可挽回的錯誤，應學會放手或是耐心等待，才能將感情維繫得更為長久。當這類人士到了適婚年齡，欲尋找理想對象時，建議可以找年齡比自己大一些，處事穩重，持有綠色牌的伴侶，若兩人在能量上能夠互補則更佳，並可以有效地穩定自身狀況。

雙魚座：慈悲心，體貼敏感，容易愛錯人	性別：♀
豬：性情溫順，浪漫，樂於分享，較懶惰	人物：公主
2 號人：平衡、合作、依賴、成全 9 號人：大愛、關懷	顏色：粉色，重視 Love

【水瓶座。9。鼠】

擁有這張牌的人會是理性、邏輯、思考的絕佳代表。這類型的人多半重視隱私及個人生活空間，喜歡思考，思路靈活多變，不過也帶有水瓶座生性叛逆的特色，外表上看似十分倔強，但在情感層面實際上卻相當壓抑。持有這張牌的人因為思考太過於周全，相較之下在行動力方面略顯的不足，甚至有些優柔寡斷的傾向。由於受到生命靈數 9 的影響，她們基本上比較容易自我矛盾，生命中必然會經歷些苦難，但若能從中學習，必能有所成長，是屬於大器晚成的類型。

事業

擁有這張牌的人在職場上相當適合獨立作戰，並非他們無法融入團隊，而是思考才是這種人的專長。此外，由於此牌持有者在職場上經常會做出許多讓人感到驚訝的舉動，所以也需要注意是否有因此招惹他人的現象。矛盾的是，此型人在職場上同樣也有著獨特的人格魅力。工作方面，建議尋找有難度或是充滿驚奇的工作，因為這型人從不愛一成不變。

愛情

網路上曾經有一篇文章指出：「水瓶座的人在愛情上沒有表現。」這的確是很貼切的說明。擁有此牌的人在情感方面較接近仁愛或是大愛的類性，然而這並不代表他們沒有兒女私情。正是因為充滿著大愛，他們習慣將個人方面的情感視為心中默默自身的支柱。因此，若是持有這張牌，建議尋找一位願意無條件支持自己的對象，先將伴侶關係打好後，才能無後顧之憂地用心於事業。

水瓶座：喜新厭舊、改革，欲擒故縱	性別：♂♂
鼠：聰明靈活，耳根子軟，記憶力佳	人物：國王
9 號人：大愛、關懷	顏色：藍色，重視 Health

【天秤座。2。龍】

「金鱗豈是池中物，一遇風雲便化龍，九霄龍吟驚天變，風雲際會淺水遊！」這是漫畫《風雲》裡泥菩薩（相士或巫師）對於天下會幫主雄霸一生的詩批。擁有這張牌的人一生寫照也如這號人物般，有極高的天賦和能力，甚至還有著出眾的外表，不論男女都是人群中的焦點人物。由於受到本命影響，持有這張牌的人喜歡平衡的美感，不過在碰上事情時卻容易走向極端。這型人的人生課題是與人之間的關係，若能放下自己的傲氣，此生將一帆風順。

事業

擁有這張牌的人，總是給人時尚優雅的氣質形象，若擁有這牌的人為女性，建議可以朝美容事業發展；若為男性，亦可朝政治人物、演說家，甚至朝律師行業發展也相當適合。附帶一提，許多演藝人員皆帶有這張牌，其中擁有一張以上的藝人占有極高的比例。

愛情

想成為一位稱職風象人物的伴侶並不容易，主要原因為風象人既自傲，心思敏感多變，不容易表達自身真實的感受，常因此讓另一半摸不著頭緒。擁有這張牌的人在選擇伴侶上有一定的要求水準，也有

些外貌協會的傾向。若想與這類型的人維持長久感情關係，一定要真正用心地去了解、傾聽對方。完美的愛情不是兩個一百分的個體，而是兩個願意為對方著想的五十分組合而成。

天秤座：講求公平，重視社交和諧，愛美	性別：♀♂
鼠：聰明靈活，耳根子軟，記憶力佳	人物：皇后
2 號人：平衡、合作、依賴、成全	顏色：藍色，重視 Health

【雙子座。3。猴】

許多人總認為雙子座的人具有雙重人格，但在菈字塔羅牌的系統中，擁有這張牌的人對於人情世故相當敏感，對環境的適應力亦相當地強。他們的口才極佳、能言善道，先天的天賦使他們得以快速融入各種環境並與人相處融洽，也因此讓他人產生出雙重人格的錯覺。

需要注意的是，持有這張牌的人因本身的自尊心較強，而不容易向他人認錯道歉。這類型的人也因為思想靈活，所以對枯燥乏味或難以突破的困難事物忍受力較低，較有三分鐘熱度的傾向。若能讓這型人能不斷保持對於事物的樂趣，這將會是他們邁向成功的最棒方式。

事業

擁有這張牌的人頭腦靈活，堪稱風象星座之最，相當適合從事行銷、業務這種具有挑戰性、或是永遠都有新課題必須面對的職業。不過，這型人若想在職場上大鳴大放，身邊總是少不了強力的夥伴。此牌持有者適合衝鋒陷陣，但在後勤補給方面則需要靠夥伴幫忙。這類

人士只要能發揮自己天生交友廣闊的特長，在工作上定有所成。

愛情

與這型人談戀愛十分有趣，他們總有相當多的點子可以讓另一半感到開心。不過，如同上述提到，若想和擁有這張牌的人長期穩定交往，保持輕鬆的態度是一項重要的關鍵。這型人雖然頭腦靈活，但內心卻相當敏感纖細，不擅於處理感情方面的難題。

雙子座：點子王，善變，雙重人格，搞曖昧	性別：♂
猴：精明幹練，愛花錢，善批評	人物：王子
3號人：創意、聰明、點子王	顏色：藍色，重視 Health

【 金牛座。4。雞 】

擁有這張牌的人對內外在都有極高要求，是一位天生的完美主義實踐者。其天性穩健踏實，通常擁有足夠的耐心，紮實地將事情完成，以成就心中堅信的美好事物。他們對於人事物的專注力同樣也很高，甚至有些固執，所以常在私底下陷入鑽牛角尖的境地。這型的人在行事風格上相當務實，但也稍微缺乏想像力，喜歡眼見為憑的事物。此牌持有者為人處事相信非黑即白，堅守原則，沒有模糊空間。另外，這類人是在健康方面需要多加注意，因為他們只相信自己親力親為完成的事物，所以容易有過勞的傾向。

事業

擁有這張牌的人對自己喜愛的事物有足夠耐性，因此會鼓勵這型

人精研專業技術，在技術領域發光發熱，適合的職業為是廚師、公務員、建築師這類需要長久耐心和專注力的工作。。女性若擁有這張牌，也可以考慮朝演藝事業前進，是標準的「戲棚子底下站久了就是你的了」類型的演藝人員。

愛情

　　擁有這張牌的人看似難以溝通，但其實對另一半非常好，甚至有習慣性溺愛的現象。其實，持有這張牌的人會是一位相當顧家的穩定伴侶，雖然他們不擅於營造羅曼蒂克的情境，但一定會記得另一半的喜好，並默默地將這類事物安排在生活週遭。這型人比較容易吸引到較為陰柔的對象，需要提醒的是，感情的確需要付出，但不要讓他人將另一方的付出視為當然，否則最後只淪為工具人。

金牛座：實際，追求財富，肉慾，慢吞吞	性別：♂♀
雞：胸懷大志，天生的幻想家與策劃家，愛慕虛榮	人物：國王
4號人：穩固、忠誠	顏色：綠色，重視 Wealth

【魔羯座。8。牛】

　　相較於另一個生命靈數帶有8的天蠍座（【天蠍座。7、8。兔】），擁有這張牌的人在個性上和【天蠍座。7、8。兔】的人個性迥異。這型人相對務實、凡事較會親力親為、喜歡掌握權利而不容易將其放下。這類型的人精神力相當強韌，擁有絕佳的毅力，為了遠大的目標會穩扎穩打，保持著一定的節奏直到抵達終點。他們不只是堅強的人，同時也是善於忍耐之人，持有此牌的人看似堅韌，但容易壓抑心

中真正的想法，有時難免給人城府極深的感覺。此外，這類人士在身心健康方面都需要多加注意。

事業

擁有這張牌的人在事業方面較需擔心的部分主要都是健康問題。凡事親力親為、希望能表現到最好的特性讓他們若遇上適合的上司，必能在職場上發光發熱；相反的，若在職場上感到志不得伸，這型人在累積經驗後，亦是相當適合選擇創業這條路。

愛情

持有此牌者個性敦厚慢熱，感情方面基本上呈現愛情長跑的狀態，若能和對方建立起信任並進入穩定交往期以後，他們或許不甚浪漫，但對於感情和現實生活均會做好長遠規劃，是一位能夠讓人依靠的伴侶。

摩羯座：內斂保守，事業強人，嚴肅，追求完美	性別：♀♀
牛：腳踏實地，低調，孝順，欠父母債	人物：皇后
8 號人：財富、老闆	顏色：綠色，重視 Wealth

【處女座。6、7。蛇】

擁有這張牌的人有很高的比例出生於優渥環境，或舉止談吐亦優雅，十分擁有長輩和貴人緣。這型人在思考上是全方位的聰明人物，反應極快，不容易做出片面或錯誤決定。不過，他們在人際相處上容易護短，間接導致處理人際關係時不夠周全，遭到陷害時也較容易找不到台階下。這類人士的自尊心也強，若是遭逢人生低潮，可以試著

學習向長輩尋求幫助，大多都能逢凶化吉。

事業

持有這張牌的人長輩緣極好，容易在別人的介紹下得到不錯的工作，在職場上的升遷也可以用平步青雲來形容。他們做事的節奏明快，也因為帶著優雅的特質，若是不想進入一般職場，也可以考慮從事教職或研究工作等發展，亦有機會得到不錯的發展成果。

愛情

這型人對事物的微小細節較為要求，心思也相當敏銳，在感情方面有時容易陷入一種狗追尾巴的焦慮狀態，他們之所以如此並不是因為不喜歡另一方，而是因為這型人不太知道如何呈現出自己最好的一面。有趣的是，此牌擁有者在穩定交往或是步入婚姻之後，通常也是那種婚前婚後判若兩人的類型。

處女座：認真龜毛，重細節，服務助人，重邏輯	性別：♀
蛇：勞碌勤快，有個性，疑心病重	人物：公主
6 號人：小愛、服務 7 號人：分析、幕僚、軍師、追求真理	顏色：綠色，重視 Wealth

牌卡歸納
人物牌組說明

在介紹完 12 張荃字塔羅牌後，接下來要教導如何運用這套系統進行個人的性格解析。解讀荃字塔羅牌中的單項元素並不困難，但是需要大量的練習與融會貫通才能真的得到其中的精髓。因此，在荃字塔羅牌旗下有通過考試，並拿到執業證照的每一位聊癒師都必須先進行大量的練習，以及貢獻出許多個案的分析之後，才能夠進行證照的考試。

所有的學習都是一種全新的開始，大家對於荃字塔識人術這一整套系統，其實只要願意勤奮練習，必能將這套識人術活用於生活之中。

天賦固然重要，但是熱枕與練習才是熟用這套系統的關鍵之處，況且到了西元 2018 年——靈性之年以後，每個人都有機會走上自我提升或是自我修行的道路。

荃字塔的推廣精神為：讓每個人都能從自身開始，從日常生活中的每一個細節開始提升自己，進而影響身邊的人，藉由正面的連鎖效應，讓全球整體能量逐漸提升。在荃字塔羅牌中，沒有好或不好的牌組，只有會不會從中找出優勢並善用的人。在此一章節中將開始針對個人擁有的整套牌組進行說明，因此，先調整好自我心態非常重要。

　　荃字塔識人術是結合星座、生肖與生命靈數這 3 種統計工具為基本架構，佐以顏色加上人物計算出來的科學命理大數據。如同前文所述，每個人所拿到的牌型組合為 3 或 4 張牌，共有上千種的排列組合，故此新創識人術具有高度的精緻性與獨特性。**本書僅以人物做重點介紹，故不一一羅列出全部之排列組合，單就人物 (不看顏色) 做大方向的歸納。**

從人物面觀看牌組

　　從西洋占星的角度來看，十二星座本身即分為風、水、土、火四個星象。此外，荃字塔羅又將西洋的十二星座以重視的生活層面分為事業（紫色）、愛情（粉色）、健康（藍色）、財富（綠色）四大類，每一類各有三張牌。每一類的牌又可以細分為四種人物屬性，分別為「國王」──男性能量；「皇后」─女性能量；「王子」、「公主」──小孩能量。

　　在解讀牌組的時候，最重要的為不以當事人的性別來討論性別能量，而是以牌卡上顯現的性別為討論對象。舉例而言，若一位女性當事人拿到過半的男性牌，代表此人的陽性能量較強；反之亦然。以下

將分別介紹人物意義與經典排列組合的意涵：

◆「國王」牌──男性能量，又稱「大人牌」，代表星座：獅子座、
　水瓶座、天蠍座、金牛座。
◆「皇后」牌──女性能量，又稱「大人牌」，代表星座：牡羊座、
　巨蟹座、天秤座、魔羯座。
◆「王子」牌──小孩能量，代表星座：雙魚座、處女座。
◆「公主」牌──小孩能量，代表星座：射手座、雙子座。

大人牌多：【複雜】

　　這型人慾望較多，責任感也較重，通常生於較為貧困的家境，因
此凡事皆要靠自己，在努力向上途中同時也得分擔家計。由於出生背
景相對沉重，生活較為複雜，此型人容易依賴心靈方面的寄託，甚至
因此遭人利用但本人卻渾然不覺。另外，這型人自尊心較強，往往也
比他人更加努力，但因為愛計較與不服輸的關係，在人際關係方面比
較容易出現摩擦與事與願違的情況。

小孩牌多：【單純】

　　這型人慾望較少，思想單純，通常擁有不錯的家境，習慣待在自
己舒適的小圈圈，因此不容易適應力外在的社會，甚至陷入遭受霸凌
或排擠的窘境。對於此型人而言，外在層次的人生課題會是他們比較
不容易去面對的人生項目，不過他們個性簡單，相處容易，只要稍作
努力融入外在社群，便可以擁有十分不錯的人際關係，在心靈情感方
面也較不會碰到太大問題。

大人、小孩牌混搭：【中庸】

　　這型人無論在慾望或是思想方面皆較為中庸，廣泛接觸來自社會各種層面的影響，因此處世較為圓融，可與各式各樣的人物相處，可說是社會上最容易生存的一群人。此型人對於慾望的執念相較於大牌多的人來得輕，也不像小牌多的人較不容易面對外在環境的改變。

人物排列組合

◆ **全大人牌**：共 9 種組合。個性成熟懂事，原生家庭貧苦，經濟狀況不佳，多半靠自己白手起家。

　　1. 國王四張

　　2. 國王三張

　　3. 皇后四張

　　4. 皇后三張

　　5. 國王三張／皇后一張

　　6. 國王兩張／皇后一張

　　7. 皇后三張／國王一張

　　8. 皇后兩張／國王一張

　　9. 國王兩張／皇后兩張

◆ **全小孩牌**：共 9 種組合。個性純真任性，原生家庭環境優渥，經濟狀況好，多靠父母庇蔭。

　　1. 王子四張

　　2. 王子三張

　　3. 公主四張

4. 公主三張

5. 王子三張／公主一張

6. 王子兩張／公主一張

7. 公主三張／王子一張

8. 公主兩張／王子一張

9. 王子兩張／公主兩張

◆ **大人、小孩牌混搭**：共 59 種組合。其可以細分為下方 4 種大類型。

<u>1. 大人牌多、小孩牌少的人，共 12 種組合。</u>

多半處世圓融，保有赤子之心，但只會在親人及伴侶面前展現小孩的一面，對外絕大部份是以穩重大人的面貌示人。（大人牌三張、小孩牌一張，或大人牌兩張、小孩牌一張）

　1. 國王三張／王子一張

　2. 國王兩張／王子一張

　3. 國王三張／公主一張

　4. 國王兩張／公主一張

　5. 皇后三張／王子一張

　6. 皇后兩張／王子一張

　7. 皇后三張／公主一張

　8. 皇后兩張／公主一張

　9. 國王兩張／皇后一張／王子一張

　10. 國王兩張／皇后一張／公主一張

　11. 皇后兩張／國王一張／王子一張

　12. 皇后兩張／國王一張／公主一張

2. 小孩牌多、大人牌少的人，共 12 種組合。

人際關係佳，貴人多，常是團體中的靈魂人物，或是甘草人物、抬轎型人格，比較情緒化，會搞小團體，敵我分明。（小孩牌三張、大人牌一張，或小孩牌兩張、大人牌一張）

  1. 王子三張／國王一張
  2. 王子兩張／國王一張
  3. 王子三張／皇后一張
  4. 王子兩張／皇后一張
  5. 公主三張／國王一張
  6. 公主兩張／國王一張
  7. 公主三張／皇后一張
  8. 公主兩張／皇后一張
  9. 王子兩張／公主一張／國王一張
  10. 王子兩張／公主一張／皇后一張
  11. 公主兩張／王子一張／國王一張
  12. 公主兩張／王子一張／皇后一張

3. 大人牌兩張、小孩牌兩張，共 7 種組合。

其大人與小孩的能量各半，這時表示同時擁有種類型的性格與能量，但會以大人的能量較為明顯，就單純以人物上來看，這型人比較平衡，與中庸之道較為接近。

  1. 國王兩張／王子兩張
  2. 國王兩張／公主兩張
  3. 國王兩張／王子一張／公主一張
  4. 皇后兩張／王子兩張

5. 皇后兩張／公主兩張

6. 皇后兩張／王子一張／公主一張

7. 國王一張／皇后一張／王子一張／公主一張

4. 國王、皇后、小孩各一張，共 4 種組合。

這是俗稱的大融合個性，擁有這樣人物組合的人在性格上非常平均，
因此對於生活中的各類人士大多可以應對自如，唯一需要注意的是在
自我面對時，會比較容易陷入思考上的拉鋸。

1. 國王一張／皇后一張／王子一張／公主一張

2. 國王一張／皇后一張／王子一張

3. 國王一張／皇后一張／公主一張

4. 皇后一張／王子一張／公主一張

　　在使用釜字塔羅牌時，必須先瞭解清楚第一章節中星座（外顯行
為）、生肖（隱藏性格）、生命靈數（潛能），才能更明確的定義每個
人的特質。釜字塔羅全套牌共有 12 張，每一張牌皆對應一個星座與
一種生肖，而生命靈數 1 到 9 所代表的意涵則是散布於 12 張牌中，
因此有些生命靈數會對應到一個以上的星座或生肖。這部分可透過生
命靈數的章節，先瞭解其代表意義再深入去記憶。

解牌技巧
重點態度與要點提醒

　　不管信仰宗教為何，不管是否相信鬼神的存在，對任何人而言，數據命理確實都是有其準確度與可信度。坊間命理的流派琳瑯滿目，無論是塔羅、星座、紫微，甚至是姓名學⋯⋯等，其實都是人類自古以來連結天地能量與人腦智慧所連結出來的智慧結晶。這些資訊在經過千百年來的累積與後人不斷地演繹歸納後，所流傳下來的命理大數據也趨於博大精深。

以正向的態度看待命理解析

　　對於未來的不確定與疑惑，許多人總是抱持著恐懼與躑躅的心態，導致自己在人生的十字路口上徘徊不前。無論是對於自身的選擇

是缺乏自信，或是擔心自己即將一時失足，還是希望藉由其他管到得到標準答案，若是真有一種方法能夠為自己指引出一個明確的方向，並且可以讓自己從中獲得一些正能量，就算這種方法以比較奇特的方式呈現又如何？其實，最強大的力量不是透過向外求得，而是藉由解放自我的設限，讓自己得以發揮出原有的潛能特質。

釜字塔羅牌，又稱為釜字塔 12 型人格識人術，是以東西方各派命理學問做為理論基礎，再由大量數據經驗建構而成。這些命理數據在經過千百年的收集以及驗證後，已經成為一門不可忽視的理論，而釜字塔羅則是在這樣的理論為基礎，以平易近人的方式讓每個人都能在短時間內，透徹了解自身的人格特質。並且，要以心理諮詢或聊天的方式協助個人調整自我，讓每一位參與釜字塔羅的人都可以擁有更美好充實的人生。

或許有人因此以為釜字塔羅牌是一種改運或算命，但其實我們才是掌握自身命運最關鍵的人物，只要能發揮出自己好的一面，跳脫並且修正自身的缺點，人生自然能夠告別苦痛，邁向光明。不過，身為自我命運的掌控者有時也會陷入盲點與低潮，需要從他人身上聽取建議或參考意見，這時釜字塔羅的聊癒師就是提供合適建言的協助者。

維持正道的中庸之路

若人生是一條道路，想必許多人都希望能避開危機和陷阱，遠離繞路的窘境，找尋最短、最輕鬆的捷徑以到達成功的目標，而這條道路其實就是不偏不倚的中庸之路。我常常跟大家分享：「極端的人難以找到幸福。」面對世間尚未能完整解釋的現象或經驗法則，無論是

過度依賴或是完全不相信都是種極端的表現，這樣的人不但難以看清事物的全貌，也容易因此錯失改變自我，讓自己提升向上的機會。若能放下成見，以包容的心態去面對每一項接觸的事物，便不難發現萬物都有其可取之處。《論語》中紀載：「三人行，必有我師焉。」只要以寬闊的心去認識自己，瞭解他人，並從立意良善的建議中尋找出最適合自己的道路，相信任何人皆有可能創造出自己的一片天。

善用前人們的智慧

　　荃字塔羅的最大特色在於：認識自己，瞭解他人。藉由這一套識人術，任何人都可以藉此評估自己與他人之間是否在特質上相近或互補，彼此之間能量的相對強弱，以及該如何相處……等。只要將自己與對象的牌組一比，就能夠一目瞭然，同時也能發掘出自身和對方未被知曉的潛能。

正確心態與觀看順序

　　若想要將荃字塔羅牌運用得當，心態方面必須做到以下幾點：心思簡單、態度謙虛、說法正面、立場超然、一切利他。

　　在解牌時，思緒愈乾淨簡單，愈能依照直覺進行分析，也比較不會參雜個人的偏見，分析出來的結論將更加精準。以下針對進行解牌的心態、順序以及顏色組合進行解說，希望各位讀者除了透過這套方法療癒自己以外，更能藉此協助身邊的親朋好友。

關於順序部分，建議從以下幾項順序觀察牌組：

1. 看顏色：分析當事人最重視的人生課題。
2. 看人物：瞭解當事人的能量屬性。
3. 牌面說明：星座、生肖、生命靈數的各項特質。
4. 與當事人想瞭解的其他人的牌組進行比對，觀察兩人在各方面的相同或相異處。

以下篇幅將針對顏色組合，說明如何觀察一個人的基本特質與重視的人生課題：

◆ 紫牌過半者

行動力十足，非常目標導向的執行者。如果人物部分以大人居多，則喜歡掌權與發號施令；若以小孩居多則愛好自由，不喜歡拘束。在人生目標中，這類型人以事業成就為主要的目標，也喜歡在事業上創造自我舞台。擁有這樣牌組的人不管是在職場還是將家庭都能發揮所長，只要有心就可以成為一顆明日之行。唯一需要注意的是，自己可能會為了達成目標而完全改變自我，導致自我的迷失。

◆ 藍牌過半者

頭腦理性，對於學問與真理的追求抱有非常大的興趣，是屬於總是保持大腦忙碌的一型人。若牌組中擁有「天秤、屬龍、2號人」的這張牌，則會希望有一個舞台能夠呈現自己。藍色牌組過半的人需要注意自己的身心健康，避免因過度理性而壓抑自我，造成身心失調。這型人需要多加注意胃臟、肝臟的健康狀態；而女性要注意胸腔、子宮的健康狀況。

◆ 粉牌過半者

超級感性，非常注重自我感覺的多愁善感者。這類型人很容易因為外在的感觸而被影響，如果擁有牌面人物是大人居多，則會想要掌控人生、掌控他人以及偏執的傾向；若是小孩牌居多，則比較容易情緒化、過於感性、抗壓性低，或是無法適應現實社會，因身心失衡而罹患各類疾病。

◆ 綠牌過半者

重 CP 值，善於分析，喜歡比較的現實主義者。這類型人善於計算分析各種利害關係，習慣從中尋找對於自身最有優勢的選擇。如果手中牌面以大人牌居多，則傾向於功利主義，不喜歡從事沒有回報的投資；如果牌面以小孩牌居多，則比較願意動手執行對於自身利益較低或是比較不確定的事情。另外，只要是綠牌過半者，行動都偏慢，對於陌生的事物與環境比較慢熱，喜歡先觀察、衡量狀況再行動。

◆ 半藍半粉者

同時擁有藍色跟粉色牌組的人，這類型人的內在如同感性跟理性的交戰，容易陷入腦內的自我抗爭，但他們在外界表現方面容易一下子感性一下子理性，帶給他人極端又善變的印象。因此，環境對於他們來說十分重要，過於複雜的環境容易對這類人士造成身心方面的分裂與糾結，導致情緒或健康出現不良狀況。另外，此型人要注意自己是否將感性與理性過於分開處理，以及避免情感上的誤會。

◆ 半綠半粉者

同時擁有綠色跟粉色牌組的人在性質上如同半藍半粉者，一樣容

易在內在與腦中產生自我抗爭。這類型的人面對外在世界經常會以評估利益和分析價值的方式看待，但又無法忽略自身的喜好與情感，因此就算分析完優劣結論，卻也往往無法做出最符合自身利益的選擇，因此陷入猶豫與自責的困境。因此，這類人士在面對人生時，最好的選擇便是選擇自己喜歡又價值型高的人事物，才不會因此後悔或是希望能重新來過。

◆ 四色牌者

這類型的人對於各方面的事務都有興趣，與每一種人都能和平共處，算是八面玲瓏的交際花。但相對地，他們也因為對於每一種領域都有興趣，導致自身容易樣樣通但又樣樣鬆，因而產生貪婪之心卻無法滿足自身的慾望。若是在重視專業的職場中，這類型的人比較容易卡在同一層，無法繼續向上。此外，此型人的思緒繁瑣，容易有失眠的情形發生。

◆ 無粉者

無粉色牌者對於情感方面的反應較為薄弱，但不代表這型人的心中並沒有情感，只是他們在處理事情、人際關係上較不會將自身情緒帶到事件之中，而是會將自己的情緒抽離出來後，才去面對眼前的事物。雖然此型人較不容易受到情感或人情方面的影響，但相對地也比較一板一眼。

◆ 無綠者

無綠色牌者對於事物的價值與比較甚為缺乏，做事時總是以熱情理想為優先導向，較不會先進行理性的分析。此型人十分具有行動能

力與活力，但缺乏規劃與分析的能力，在面對與金錢相關或利益導向的事物時比容易吃虧。

◆ 無紫者

　　無紫色牌者在行動力與目標導向的處事方面較為缺乏，常常無法為了達到設定目標而做出有效的行動，個人能量也比較偏向內斂與寧靜的狀態，因此他們的行為模式的呈現就顯得被動。這型人並不缺乏行動能力，但若想讓他們展開行動，必須給予他們足夠強大的誘因。

◆ 無藍者

　　無藍色牌者在思維邏輯上較不會要求條理分明或是追根究底，屬於大而化之的類型。這型人對於尋求根源、探討原理較無興趣，他們比較喜歡直接切入事物的重點與結論，講求行動優先於思考，對於結果本身為何較為在意，至於過程如何便不是此型人所關注的議題。

想有情愛先自愛，想有財富先投資，
想有健康先健身，想有幸福先惜福。

感恩可以化解怨敵，智慧可以消解煩惱。

Chapter 3

浴火重生
重新開始的那些年

「在我的內心深處一直有道聲音在指引我、鼓勵我、告訴我
——我的選擇是對的，我應該要這麼做！」

凡有所成長，必有所經歷，對於自己一路走來的心路歷程，
我一直以來都不藏私也不藏短，將自己最真實的那一面呈現
給所有人。

成為莛字塔聊癒師
的緣起與歷程

在創造與歸納出莛字塔羅牌這套系統前，我曾經是一位塔羅占卜師。每當有人提起，問我為什麼會踏上塔羅占卜這條道路時，我總會很認真的告訴他們：「無論是東方命理還是西洋占卜，同樣都是受到天命所指引。」因為我始終相信，自己之所以會踏入這間殿堂、這項領域，絕對不是出自於偶然。

學途中踏入命理的道路

由於月亮星座落於天蠍的關係，我從小對於命理、占卜方面的玄學，或是靈魂、宇宙能量……等等的神祕學感到異常濃厚的興趣。猶記得在求學生涯的十幾年間，除了每天與其他同儕用心於課業以外，

教科書上所沒有的命理玄學便是我學習的另一項領域。只要一有時間，我便會去尋找購買相關的書籍，在深入鑽研的同時甚至會感受到一種躍躍欲試的感覺，心想著如此奧妙的學問一定能在日後的人生發揮作用，所投入的心思比學校的課業還要專心努力。

正因為我對於命理玄學如此熱衷，每當我的親友在感情、學業或是運勢上碰上總總的疑難雜症時，會習慣性地向我尋求答案與建議，同時分享自己在遭遇問題時的感受與後續心得。面對他人的求助，我試著以自己研究出的心得給予答案或建議，並在一次次的嘗試中累積經驗，愈來愈能切中問題的核心與點出其中的關鍵，讓他們能更有效率地去解決這些遭遇到的問題。這不只幫助了我的親友，也讓我對自己的命理分析能力更有自信，相信這項技能肯定能讓我在日後有所不同。

職場多年，閱人無數

踏入社會之後，我很快地便投入了職場，展開了自己的職業生涯。奇妙的是，從初出茅廬的第一份工作開始，我所從事的每一份工作幾乎都是與人力資源相關的工作，不但會常常接觸社會上各個階層、形形色色的人，也有不少面試新進人員的機會。在漫長的職業生涯中，我的經歷簡直可以用「閱人無數」來形容。

尤其當我在中國信託上班的時候，所擔任的職務是高層人士的機要秘書，親身體會到大企業、大集團之中權力核心的人事運作。除了見識到領導階層對於市場的操作布局外，印象最深刻的還是其中的各種爾虞我詐、人事傾軋，許多人為了爭權奪利而進行機關算盡的殊死

戰……等，在這一群外界眼中的菁英人士中，我卻看到了世態炎涼與人性的醜陋。當我把職場工作中所見到的一切印證在自己所研究的玄學命理上時，便為自己帶來一次又一次更深層的體悟。現在回想起來，此一人生階段彷彿是為了讓我在從事命理事業前，先見識一遍世間冷暖的一系列豐富課程，也是老天在冥冥中早已做好的決定。

看見轉機，走出人生低潮

2011 年是我人生當中一處重要的轉捩點，也是影響我甚劇的一處低谷。過往我曾自詡能看透人性的始末，卻沒想到自己親身體會時竟是另外一種完全不同的感受。我離開了中國信託，人生中的第一段婚姻也走到了盡頭，成了那些過往我所協助過的親友。就算到今日，我依舊能從回想中感受到當時的震驚、徬徨、失落、無助與更多難以啟齒的複雜情緒。但是，此時內心深處卻有一道聲音告訴我：「再苦，日子還是要過，人生總要繼續往前走！」

然而，我並不諱言當時的確有一段時間是在消沉與寧靜下度過。命運突然將我從多年的辦公室生活中硬生生拉出來，扔進另外一處從沒想過的低潮中，確實讓我頓時不知所措。不過，在整理好自我情緒，準備面對新生活時，我卻突然產生一種頓悟，彷彿自己經預料到接下來的人生即將展開完全不同以往的旅程。

結識貴人，尋找人生真諦

在一段意外的機緣下，我有幸結識了一位具有通靈能力的師兄。

在第一次見面時，他仔細端詳了我一番，立刻斷言道：「妳的命中帶有天命，而妳的天命是來自於 觀世音菩薩的賦予！」當下的我頗為震驚，雖然我對於東西各方的玄學命理皆抱持著濃厚的興趣，同時也鑽研過紫微斗數和塔羅牌占卜，但在我內心深處仍較偏好於西洋的占星理論。我從不排斥與東方風水師或通靈人士接觸，但若要我像道士仙姑那般，手拿七星劍、背插令旗，在神壇面前畫符念咒，這樣的生活方式從來沒出現在我的選項之中。

於美國西南聖保羅大學（原普林頓大學）東方醫學研究所碩士畢業

過往的我是一位上班族，喜歡跟隨著流行，生活在大眾的環境中，因此遠離世俗從來不是我想要的修行方式，若真的要從中做出選擇，我寧願待在塵世中與眾人一同面對這條道路。

　　對於我的困惑，那位師兄停頓了一下，這麼對我說：「其實妳不用緊張，觀世音的力量無遠弗屆、無拘無礙，妳不妨親身向祂請示該怎麼做，相信慈悲的觀世音一定會為妳做出最妥善的指引和安排。」於是，在師兄熱心的引介之下，我前往埔里一座觀世音菩薩神像的駕前，依照指示連續磕了 720 個頭，又去地母廟連續磕了 9,360 個頭，前前後後總共磕了 10,080 個頭。

原來，一切緣自於觀世音

　　老實說，一開始頭磕下去的時候，心中不免還是有些疑慮。但是，隨著磕頭次數逐漸增加，神奇的事情發生了。我的眼淚居然情不自禁地奪眶而出，彷彿和一位十分熟悉、一直對我慈愛有加的親人久別重逢。那一份發自內心毫不做作的感動，至今仍深深縈繞在我的心頭。

　　就這樣，在熱淚盈眶、感動莫名的狀態之中，我奮力地磕完了整整 720 個頭。磕完頭之後，我感到自己進入了冥想寧定的狀態之中，內心呈現一種前所未有的安詳、喜樂與滿足，彷彿身邊周遭都充滿了光明的能量。正是在這當下，我的腦海中響起了一陣帶著母性慈愛，如師長、親人般的話語聲。當下我十分確信：「是！就是這個聲音。」長久以來一直在心中給我鼓勵、為我指引的聲音，就是這道聲音。有生以來，我從未如此貼近，彷彿就像是在我耳畔循循善

誘、諄諄教誨。原來，一直在指引我的那位貴人，竟然是觀世音菩薩啊！

當下，那道和藹的聲音對我說：「妳為何要拘泥於事物的表象，無論是東方的命理風水還是西方的星象塔羅，只要能夠真正幫助他人的方法都是正道。去吧！堅持妳心中發願助人的志向，以妳最得心應手的方式，就算是中西合璧又何妨，好好發揮所長，做一位為廣大群眾貢獻的老師吧！」

在受到祂的鼓勵後，我的內心澎湃不已，一種充滿能量的使命感油然而生，我明白了自己的人生目標、看清了自己的前途方向，充滿感動而仍然淚流不止的我發自內心地向觀音傾訴著感謝的心意。在離開埔里的時候，我感覺到自己已經脫胎換骨，迫不及待地展開一段新的生命之旅。

獨挑大樑的勇氣與自信

在接下來的歲月中，我不斷充實自己曾學過的塔羅占卜、星相學和紫微斗數，也開始四處拜訪，與多位命理老師交相探討，鑽研這些知識。在 2011 年 12 月，我在「塔羅咖啡館」正式擔任起為人解疑開運的占卜師，並以此為出發點，結識了許多來白三山五嶽的奇人異士，更加開拓了自身在命理界的視野，從一次次的經歷中得到更多的體悟與覺察，不斷地累積自身的知識與經驗。

不久之後，我獨自承接下了整間咖啡館，創造了自己的品牌。其

實在那當下，有生以來第一次獨挑大樑的我難免感到些許的緊張與擔憂，但也正是在那一刻，觀世音慈悲鼓舞的話語又再次在我耳際響起。祂鼓勵我無須懼怕、不用徬徨：「多年來的努力等待不就是為了創造一處實踐理想、展現所學的舞台嗎？」在聽了這席話後，我下定決心將此機會牢牢地握在手中，無論接下來即將面對幸運之神的眷顧，還是一項項測試我的考驗，我必將全力以赴。凡有所為必有所得，我會持續堅持自己所選擇的道路！

獨挑大樑，承接 Jo 是愛晴海咖啡館

美滿人生從認識自己、
調整自己到夢想成真

因為勇於改變，才有重新開始的機會。當你感到困頓、生命陷入瓶頸時，繼續讓自己身陷其中、自怨自艾，人生的局面是不會有任何改善的。不妨讓自己冷靜一下，稍微喘口氣並且告訴自己：「我要跳脫、我要改變！我一定可以。」

一路走來，勇於改變

如今，當我回首這一路走來的點點滴滴，除了對自己是一位被賜福、被恩典圍繞的幸運兒充滿了感恩之外，在仔細審視內心的同時，也找到了帶給自己成就感的重要關鍵，那就是——我勇於改變。

沒有任何一個人不害怕失敗，但也正是因為不想失敗，才會學習如何讓自己不斷保持靈活的思考模式，隨時檢討、時時警惕，努力維持在正確的方向。每當碰上需要改變的時候，就算內心膽怯也要逼著自己硬著頭皮去面對，因此才能成就不同的生命模式。

看懂自己，了解自我

在學會改變前，我們首先得先學會如何看懂自己，了解自己的優缺點所在。當自己真的能夠理解自己之後，才有機會開始一步步地發揚自己的優點，調整自己的缺點。只要能一天一點的改善，日子累積下來必定能積沙成塔，絕對能夠有所不同。

「雖然我起步比別人慢，但我有一顆堅持的心態，所以我一定可以！」這是我常用於勉勵自己的話，直到今天仍奉行不渝。沒錯，只要天沒塌下，太陽依舊升起，就不會出現無法彌補的錯誤，也不會有難以修正的道路。唯當你放棄機會，無法做出決定時，才會造成讓人悔恨的錯誤。

自我調適，做出改變

「自我調適」在這段過程中非常重要，沒有人習慣改變，自我調整也不會是一段舒服的過程，畢竟那就是在挑戰自己的舒適圈，但也不代表難如登天。我相信，只要為自己找到合適的方式，就可以讓自己變身成一位更加美好的人。因此，人要學會隨時隨地「為自己佈置好心情」，幫自己激勵打氣以面對各種改變。

人生的道路上總是有許多突發狀況，但不管路途再艱難，還是得繼續走下去。因此，我總是不斷在生活周遭尋找大大小小的成就感替自己加油打氣，就算在他人眼裡不值得一提，對我而言也足以維持一整天的好心情。所謂的「大智若愚」，即為傻傻地埋頭苦幹，將這些細微的努力成果積沙成塔，累積下來造就事業上的亮眼成績。只要我將自己應盡的本分做到最好，使得沒有人比我更為稱職，便不必害怕遭到取代或是淘汰。《菜根譚》紀載：「爭是不爭，不爭是爭。」只要做好自己便是對自我人生最好的交代。我從來不與他人抗爭，因為我知道，人生中最大的對手就是我自己。

擁抱挑戰，成就自我

長久以來，我始終相信「做人要理性，做事要感性」。做人時保持理性，才不會受到他人的情緒干擾，也不會因他人而影響了自身的判斷；做事時保持感性，才會像創作者對待作品般認真地對待工作，投入百分百的心力，讓成果臻於完美。勇於改變的人能走的途徑不會只有一條，而懂得在正確時機放下過去，做出改變的人，才有機會獲取更多、更豐盛的成果。

股神巴菲特曾說過：「做你沒做過的事情叫成長，做你不願意的事情叫改變，做你不敢做的事情叫突破。」

人生的路途百百種，而我想成為一位有能力、有自信、自由而毫無拘束的人，所以我勇於做出改變，面對挑戰，因時制宜地轉換未曾踏上的跑道。唯有透過不斷地改變，我才能夠不受制於現況，

才能有無限進步的可能，才能保有始終不受委屈的自我！這就是我對所有的學生以及聊癒師的肺腑之言。

　　我的成功來自於勇於改變，那此時正在閱讀此書的你呢？若你想要有一段不一樣的人生時，是否能勇敢地敢踏出第一步，擁抱充滿不確定性的未來呢？

代表崟字塔識人術團隊參與獅子會愛心捐血公益活動

付出溫暖，他人才能回你陽光；
付出真心，他人才會敬你善良。

空有夢想就只是幻想，實踐夢想才真是理想。

Chapter

聊癒大進擊：
21位荃字塔聊癒師

所謂的聊癒師，就是結合「聊天」和「瞭癒」，熟練地使用荃字塔識人術和諮詢技巧，協助客戶了解自我，化解難題，讓愛與包容的影響力以同心圓的方式層層擴大，一同共創美好的大同世界。這一章就讓我們認識這21位聊癒師，一窺擁有不同牌組人格的她們是如何面對自己的生命課題。人生不一定能非凡，但有心就可以圓滿！

以大愛懷抱萬物的勇者 Apple

望著 Apple 老師緩緩走來，宛如看到一隻獅子優雅地漫步在草原上，然而，當這樣一位強而有力的女人坐下來談起助人時，又有一種將全天下都壟罩在她保護傘下般的大愛。這樣有力量的愛，的確不容忽視。愛有著多元的形式，而 Apple 老師的愛則映證了上述的真理。

粉色國王、紫色國王、藍色國王、粉色小公主

中庸的人生才會幸福

從國中開始，我對於星座命理與心理學便有著濃厚的興趣，也曾差一點踏入紫微斗數的領域，只可惜當時緣份未到。在我接觸到莶字塔羅後，又重新點燃我對命理的興趣，因為從來沒有一位命理師可以把我分析地這麼透徹。

一直以來我總是向朋友表示：「只要不要踩到我的地雷，一切都好談。」過往，我認為只要不要評論我的家人，任何事情都可以商量。畢竟，單親的媽媽背負著撫養我與弟妹的重責大任，而身為長女的我則認為自己有義務協助媽媽，一同扛起這個少了一半的家。因此，對於他人的指指點點，我便總是挺身而出，以自己的方式捍護家人。現在的我學會了柔軟，不再一昧的武裝起自己讓他人難以靠近，也會以溫和的方式讓家人感受到我對他們的愛，讓彼此不再有距離。

學會釜字塔羅之後，我開始看懂自己為何會願意站出來扛起這個責任。原來這份責任感出自於我的三張國王，跨越理性、感性與企圖心，使我成為家中的梁柱。而我之所以走向聊癒師最大的原因，是為了圓我學生時期的夢想。當時的我曾有兩個夢想：心理醫生跟廚師，我喜歡幫助他人，也喜歡看到別人因為我而感到快樂，而這樣的想法在我看到自己的牌組後更加堅定。我擁有的藍色國王被稱之為大和尚，這使我樂於助人，喜於成就他人，現在我正透過釜字塔羅牌，走在這條道路上，並且完成這個夢想。

　　作為聊癒師最重要的第一項功課，便是調整好自己。我因為擁有三張國王，所以個性上比較剛硬。因此，首先便是要學會放下自己帶給他人的壓迫；再來我必須學會放下面子，因為紫色國王那張牌的特質就是自尊心高。在了解到每個人性格上的差異後，我才明白有些人的舉止其實不是在挑戰他人，而是他們的行為模式往往就是如此。現在的我會懂得放下執著，適時道歉，並以柔軟的方式與他人相處。

　　試想，如果無法適時調整自己，持續進步，那怎麼有能力去療癒他人？因此，要先把自己活得更好，才能真正幫助到需要的人。我相信極端並不是件好事，保持中庸之道才能獲得幸福。

聯絡方式： **0977266925**

4 / 2

以雙腳開創療癒之路的行者 Bella

Bella 老師是綠色牌組的最佳代表，套句她自己常說的話：「慢熟、穩定、分析都是我的代名詞！」相較於一開始便鎖定遠大的夢想，Bella 老師以修身齊家的方式從自身做起，將愛一層一層地散播給生活周遭的每一人。她認為，唯有改變自己，才能建立起說服力，進而影響同心圓內的親友，讓好的效應逐漸擴散，長久穩定地影響整個社會。

粉色國王、綠色皇后、綠色小公主 x2

一步一腳印穩定好安心

我總覺得自己的人生沒有著高潮迭起的劇情，是屬於四平八穩的慢熟類型。我過著穩定的生活，擁有穩定的工作以及穩定的婚姻。然而，在接觸到釜字塔羅牌之後，我的生活開始有了不同的轉變。

我對於這套系統感到相當驚奇，覺得透過一套牌卡竟然就能徹底分析一個人的本性。這股好奇感吸引了我，也促使我察覺到現行穩定的生活中似乎總缺少了某一種元素，但我一開始仍選擇維持現狀，畢竟充滿冒險的刺激人生並不在我的考量範圍中。

後來，我因為想替自己多添一份專業而加入聊癒師的行列，從沒想過要以此推廣大愛或幫助他人，只是漸漸的越來越多朋友找我諮詢，我開始對此有了一些心得，也發現自己的生活變得更充實，心情上更為愉悅。

在我所擁有的牌卡中，帶有情感控制狂的粉色國王特質，我不常發揮出來，反而是綠色小女生的特質：細膩、謹慎、吹毛求疵……等特質比較顯著，尤其是在工作場合中。其中，綠色皇后的特質，讓我對於任何事物，心中都有一把自己規定的尺度存在，所以相對於其他人，我比較偏向務實分析，謀定後行動派。

行事上我習慣先釐清前因後果，建立起正確的理解方向與大致架構，就算是面對未知的事物，我也習慣自己先去進行理解，並注意任何一絲小細節。這樣的個性有時會把自己搞得很累，但這就是綠色皇后跟綠色小公主所代表的特色，可說是完全命中我生活上的一切行為。

現在的我是一位以分析為樂的聊癒師，這份專業成了一項可以幫助我在工作崗位靈活運用的技能。透過釜字塔羅分析，我可以協助我的客戶與身邊的朋友，進一步讓我在生活中的每一塊領域都能過得更加順遂，一步步踏上成功的殿堂，而這就是屬於我獨有的綠牌組行為模式，也是我現在幫助他人所習慣使用的方法。

聯絡方式： LINE **0911ting**

圓滿人生的和樂美人 Betty

Betty 老師總散發者一種雲淡風輕的淡雅，在與她相談的過程中，可以發現原來從平凡生活中累積起來的幸福，其實就是童話中所謂的美滿。其實，人生本是如此美好，打理好自己，打理好家人，就是人生中最棒的享受。我們都知道要先知足才會常樂，而 Betty 老師則以自身的言行證明了這一點。

> 綠色國王 x2、藍色皇后、粉色皇后

調整方向，讓人生更圓滿

身為天秤座，我喜歡優雅的形象，從小到大一直都是公主派的女生，總是將自己盛裝打扮好才願意出門，不論是面對什麼的人，我都不願意展露出自己較不好的那一面。或許是因為物以類聚，圍繞在我身邊的朋友也大多是這一類型的人，所以這項特質並不會讓我感到不自在。

在接觸釜字塔羅這套理論前，朋友總是以為我很溫和，既不太會與他人爭執，也不太容易固執己見，加上成長環境單純，看待事情都不太會過於嚴肅，待人也是以和為貴。原本我以為自己就是這麼一位與世無爭的人，卻沒有意識到，長久以來，我其實是一直在壓抑自己的情緒。在釜釜老師的建議下，我決定面對自己，尋找平衡點，讓自己能在保有自我的同時，仍然能與他人和樂相處。

我在求學期間曾獨立北上居住，也遭遇了不小的價值觀衝擊。讓我

驚訝的是，原來自己也有不願意退讓，十分強硬的一面。在出社會工作後，我覺得自己一直是一位很願意配合他人的人，在保持公主般優雅的同時卻不會給人公主病的印象；結婚後，老公希望我可以做自己喜歡的事情，不想我再當需要看老闆臉色做事與時間永遠不自由的上班族，因此，我也順勢而為展開創業的步伐，在老公、妹妹與前老闆的協助下，很順利的開了我的女裝服飾店。其實決定創業也同時是來自心中另外一個想法，自己創業的情況下，在有了孩子，我就可以有更多自主的時間可以陪伴他們成長了。

當初我之所以學習釜字塔識人術，是出自於顧客的需求。在現代社會中，有許多女性都有家庭與感情方面的問題，以往的我只能默默當個傾聽者，聽她們吐苦水之餘給予安慰，但這卻不能實質上幫助到她們。因此，我選擇當一位聊癒師，希望能以這方面的專業協助她們了解自己的家人，以及尋找出解決問題的途徑。

沒想到，我第一位幫助到的人竟然是我自己！我的牌組有著藍色皇后與粉色皇后，以及兩張綠色國王。我注重形象與溫柔體貼的特質其實出自於兩張皇后，天秤座的藍色皇后牌有著偶像包袱，不喜歡讓自己出現任何不完美，但內在的我卻是位國王，以精打細算的綠色國王態度在處理工作上事情。

擁有藍色皇后牌的女人容易在婚後出現改變，就像我許多天秤的女性朋友在結婚之後就卸下了公主的堅持，不再注重自己的外表。我的情況雖然沒反應在外表上，但也因為孩子的到來與創業忙碌，無意之間忽略了先生的存在和感受。在學習釜字塔羅以及練習的過程中，我才注意到以往的自己有這麼一個天大的盲點，趕緊修正將先生拉出冷宮。

我是一位妻子，也同時是孩子的母親，為了我所重視的家人而想讓自己更加美好！我所追求的幸福美滿人生並非榮華富貴或飛黃騰達，而是與我喜愛的每一個人度過美好的每一天，並讓每個人都能被愛所包容，這就是我想要的童話故事！

聯絡方式： **betty913013350**

用愛改變世界的浪漫女孩 Cindy

擔任教職的 Cindy 老師在面對人生時有著一股源源湧出的熱情，富有同情心的她認為自己有責任去協助那些人生面臨難題的人，尤其是代表國家未來的主人翁。Cindy 老師深知，如果世界上每一個人都能更好，那麼整個世界就一定會跟著一起變好。熱情洋溢的她總是使人打從心底會心一笑，並想加入她的行列，一起完成讓世界更美好的夢想！

> 粉色國王、藍色國王、粉色小公主 x2

Cindy 老師的話：

　　或許是因為星座占卜的關係，很多人認為雙魚座的人情緒性較重而且比較自私，但我必須在此聲明一下，身為雙魚座的人其實也可以很有愛心。在釜字塔羅牌中，屬於粉色小公主的雙魚座雖然比較注重情感層面，但同時也極富有同情心。

　　我從以前就非常清楚自己是位重感情的人，總是會在意他人對於自己的的觀感，因此常會不定期向身旁的親友同事詢問：「你們覺得最近的我怎樣？我的表現如何？」但也因為這份過於在意，使得自己並沒有什麼自信心，也總是將事情的結果與自身表現牽扯在一起，使得心情十分容易受到外在環境所影響。

　　透過釜字塔羅，我開始學會去了解自己所擁有的粉色牌特質，並建立起相信自我的正能量場。每當心中的內心戲又開始演起，否定自己的

情緒來即將來襲時，我就會趕緊唸出含有正能量的字語，不再讓負面情緒擊垮我自己。其實，有時事情的好壞完全取決於一念之間，只要在適當的時機轉個念，消除負面的連鎖，後續的發展就可以有所不同。

平衡中建立起良好親子關係

關於我的性格，兩張粉色小公主加上藍色國王代表的特質使我積極於關心身邊的大小事，無論是對家人朋友都抱持著一股熱心。因此，我總是有一群願意向我表露心事的朋友，我也會將他們面臨的難題視為自己需要去解決的課題。藍色國王的理性特質反映在我的外表上，平時我看起來像是位冷靜的分析者，但粉紅色牌所代表的感性卻深深影響著我的內在，使得我特別容易對任何小事情有所感動。在了解自己的性格後，我學會給予藍色國王的特質更多發揮的機會，像是購物時就不再單純依賴感覺做出挑選，而是讓自己先考量價值再做出選擇。

由於我所擁有的牌代表著理性與感性的兩端，所以我要學會從中找出平衡，朝中庸之路持續前進。過與不及都是種極端，因此我必須學會慢慢放下先前累積下來的習慣，讓自己更有自信，更充滿正能量，才能幫助到其他缺乏自信的人。我想透過釜字塔羅推廣教育事業，讓更多家庭的親子關係能更為圓滿。孩子是未來的主人翁，有了這套簡單精確的系統，便可以更有效地協助父母了解孩子，進行調整與面對。

聯絡方式：(LINE) **evaku. joy**

人際關係的經營達人 Coco

安靜、沈穩與內斂，只要待在 Coco 老師身邊，這些字彙會逐漸從腦海中逐漸浮現。Coco 老師說起話來既溫和又親切，但如此這般的她在解牌的時候，卻多了幾分的俐落與堅定。兒教事業的背景讓 Coco 老師在面對他人時多了一份耐心，也讓她在聊癒師的道路上更能體會不同父母與孩子的心情，協助每一位個案站在對方的立場上，看待事情。

> 綠色國王、紫色皇后、粉色皇后、粉色小公主

Coco 老師的話：

我不是一位喜歡變化的人，總是維持著固定的生活步調與偏好，在面對事態或是做出選擇時總會在大致了解後直接做出決定。我的步調就是快狠準，面對人生中的任何選擇總是毫不猶豫，很少有優柔寡斷的反應。只是，一但到了情感的十字路口，我卻會一反常態，躑躅不前。

先前考慮合股經營補習班時，我只和對方談了兩次便決定立刻開始執行；但在遇到不適任的老師時，我卻難以決定直接將對方辭退，而是一直反覆思考，希望能不傷及和氣。有趣的是，生活面向的我沒有任何堅持，只要朋友有約，就會配合答應，因此我的朋友都很喜歡找我聊天，覺得我是一位很好的聽眾。

從固執剛強到柔能克剛

在學習荃字塔羅後，我發現自己最大的變化在於知道該如何去面對職場上的合作夥伴與下屬。以前我在職場上總是抱持著強硬的態度，只要是在工作場合，任何與同事的互動都是公事公辦，在我當上了主管後，更是把固執強硬的特質發揮地淋漓盡致。我後來才知道，這些正是我的牌：綠色國王與紫色皇后的特質，但過度的強硬會造成我與同事產生許多摩擦，導致工作上的不順遂與政策推行的困難。因此，過往困擾我的大多是與人事相關的事情。

現在的我透過荃字塔羅牌看懂自己的性格，也改變了自己的原則，與同事相處時也比以前溫柔，也願意拿出粉色皇后的母愛，把同事當自己的家人對待，以對方可以接收的方式進行溝通。職場上的合作除了要拿出外在成績外，同事間的氣氛也要顧好，相處才能長久，這也是我學到最大的重點：人和。

自身的改變讓我在聊癒師的道路上有了更多的同理心，當我看見父母與孩子之間的衝突時，我能了解到，雙方是因不熟悉彼此的性格與行為模式，才導致摩擦與衝突。我所能做的便是運用這套荃字塔識人術，協助雙方各退一步，以包容代替衝突。只要人合了，很多誤會都可以迎刃而解。我從這些個案身上了解到，我們給他人什麼樣的反應，就會收到什麼樣的回饋。世上沒有絕對是非，只有自己的一念之間，只要想法變了，結果就會有所不同。

聯絡方式： smilepomme

為人奉獻的人生行者 Dora

在學習力無比旺盛的 Dora 老師腦中，有著許許多多的知識與各式各樣的學問。熱愛學習的她可以為了求知而身兼數職，也願意將其所學用於幫助需要的人。出生於醫學家庭的 Dora 老師從小便沉浸在父母運用自身的專業知識救助他人，也因此奠定了心中那一顆仁慈的心，使她決意走向聊癒師的道路。

藍色國王、綠色小公主、藍色小王子

Dora 老師的話：

我從小就是個比較雞婆的人，喜歡到處管閒事，加上父母親的職業也與助人有關，例如爸爸是藥劑師，平時負責開藥協助身體不適的病人，媽媽婚前是護士，婚後也成為一位賢內助幫助爸爸一起助人。在家庭的耳濡目染之下，自小我便在心中許下願望，希望自己長大後，能成為一位有能力幫助他人的人。

過往的我有著一顆火熱的心，但這份熱情有時卻使我忽略了周遭的事物，常被他人說是與眾不同的外星人。對於自己常常活在自我世界，忽略旁人感受的特質，我一直在找尋答案，希望能解決這個問題。直到接觸釜字塔羅後，我才真正看清自己的特質，如我所擁有的藍色國王與藍色小王子其實反映了我有自己的一套邏輯，同時也懷有無限的大愛，才會不由自主地很想幫助他人；而綠色小公主代表的特質使得我在懷抱

夢想同時也會顧及現實，才因此會身兼數職以實現我的學習夢。但是，由於自己沒有紫色牌，所以有時會比較缺乏行動力，加上沒有粉色牌，情感方面也比較遲鈍，難以察覺他人身上的細微變化。

看見後，才能開始接納

在看清楚這些自我特質後，我才真正開始面對以及調整自己的觀念與行為模式。現在的我會更留意周遭的動靜，更願意花時間去傾聽別人的感受，暫時放下自己的主觀價值與求好心切的心態，讓事情能以更圓融的方式得以解決。在經歷數次個案處理後，我真心覺得這套系統十分好用，不僅簡單易懂，也能以輕鬆的聊天方式協助對方了解自我與他人，進而讓人更願意透露自己心中的最深處。

在我聊癒他人的過程中，我也發現有不少人在生活中難以找到自己所信任的對象，因此對自己更為壓抑，陷入惡性的循環。幸好，荃字塔羅牌卻可輕易透過一套 12 張牌，在短短 10 分鐘內精確地解析出一個人的基礎性格，進而讓人卸下心防，願意開始認清自我，面對難題。荃荃老師曾告訴我，人生可以由自己掌握，而我也將同樣的話告訴每一位客戶，期許每一個人都能願意修正自己，讓自己的人生從此有所不同。

聯絡方式： https://www.facebook.com/cg.tseng

濟世渡人的入世菩薩 Emma

Emma 老師有著一雙活躍的雙眼,總是不停望著四周的新事物打轉,但看似好奇寶寶的她只要一開口,便不難發現她其實是一位務實的人。思考角度總是從生活面、實用面出發的她在分析事務時不但條理分明,卻也不忘回到初衷,維持一貫的角度。從小接受佛道思想的她,比起他人更能理解善念的重要性,與她談話總又種被洗滌過的舒爽感。

> 綠色國王、紫色小王子、藍色小王子

Emma 老師的話:

當初之所以會接觸釜字塔羅,是因為表妹看到釜釜老師手上的能量手鍊,覺得很有興趣,結果聯繫不到老師本人,只好請我幫忙代為傳話。在認識老師後,我也請老師幫我配屬於一條屬於自己的手鍊。釜釜老師一看到我的出生年月日,便表示我這人與宗教有著很深的淵源,果真如老師所料,我個人因家庭因素,很早便進入了佛教的密宗。

後來,在經歷了人生中第一次婚姻後,不知為何,我的體質竟因此變得更加敏感,更能感受到超自然現象的存在。對此,密宗的師姐曾點名我去接她的菩薩代言人,但我對於這樣充滿未知的安排實在是有些抗拒,沒想到初遇的釜釜老師竟然也對我說了一模一樣的話,要我拋下成見與恐懼,勇於挺身幫助世人,我才意識到,自己的使命或許真是如此。

但不過，對於一位需要獨立撫養小孩的母親來說，金錢支出一直是項沉重的壓力，而我當時對於荃字塔羅這套系統也不是很清楚，直到後來在朋友的陪伴下，才一起參加識人術的課程。回想起來，在這冥冥之中，也許有菩薩一直在引導我走上這條道路。

陪伴與傾聽，是最好的聊癒

　　婚前的我是一位活潑好動的女生，但婚姻的挫折造成我很大的改變，不僅自信心全失，對於人生也開始產生了憤世忌俗的悲觀想法。隨著離婚後面臨的經濟壓力，我將自己的害怕與擔憂全傾訴到老師身上。別於傳統宗教的修行方式，我對於獨立於流派的身心靈老師感到十分陌生。當老師告訴我，只要能了解自己，面對並運用自己的特質後，物質生活便不是問題時，我真的很心動！

　　老師的這一番話給了我十足的信心與勇氣，讓我拋下以往負面的想法，並選擇開始相信自己。原來，我所擁有的綠色國王牌使我對金錢有種偏執的傾向，而藍色與紫色的小王子則代表愛好自由與有趣的事物特質，只是我在人生中所經歷的挫折使我感到十分迷惘，而對於金錢的恐懼限制了個性上原本應有的活潑，造成我無法展現自己真正的特質。

　　在深深了解自我後，我也不再怨天尤人，而是接受這樣的自己，給予客戶關懷時仍不忘記聊癒自己。我對金錢的恐懼出自於自我的不信任與不自信，因此藉由幫助他人，成就他人可以使我累積起對自己的自信心。我相信只要繼續在聊癒師這條道路走下去，我便能夠取回自信，活得精采，成為一位普渡眾人的活菩薩。

聯絡方式：　lynn0616

活出自我的事業女傑 Joanna

　　無論是在職業場所還是社交舞台，樣樣完美的事業女強人總是令人心生羨慕。不過，這些亮麗的背景中其實隱藏著旁人看不見的壓力。曾歷經人生巔峰的 Joanna 老師在身體出狀況後，不得不重新審視自己的人生，但也因此有了前所未有的體悟。「追求 100 分的人很多，但未因此迷失自我的人卻寥寥無幾，總要等到遭逢鉅變時，才能看到曾被自己忽略的事物。」

紫色皇后、藍色皇后、粉色小公主、紫色小王子

Joanna 老師的話：

　　我有好長一段時間都專注在個人事業，因此沒有太多機會能接觸事業領域以外的資訊，為了避免自己落伍，就決定去學一些位曾接觸過的新知識。雖然生意的來往使我的生活十分繁忙，但我覺得有必要為自己準備一個未來可能會派上用場的備案。長遠的目標以及詳細的規劃，這就是我長久以來所抱持的信念。

　　釜釜老師是我透過第三方平台認識的夥伴。有趣的是，我發現自己呈現的狀態與持有牌卡所反映的本質之間存在著一定程度的落差，這份「不準確」反倒吸引了我的關注。後來我才發現，不是牌卡不準確，而是我過度讓自己貼近社會大眾所認為的標準。許多我以為是自己產生的想法，其實是他人施加在我身上的思想包袱。藍色皇后跟粉色小公主兩張牌反映出我積極配合並遷就他人的特質，紫色皇后與紫色小王子則代

表我在團體中常位居領導地位，過往的我在他人期待下成了理想中的領導者，但那不是真正的我，也不會帶給我真正的快樂。

活出自我，迎向真正幸福

　　在與老師一次又一次的討論過程中，我開始學會做回我自己，不再讓他人的目光成了扭曲自我的枷鎖。藍色皇后的追求完美與紫色皇后的事業心重讓我難以放下責任，但我必須告訴我自己，我最重要的責任便是顧好我自己，尤其是過度勞累而支離破碎的身體。

　　跌落人生的谷底對於許多人來說或許是件憾事，但我也因此有了機會，重新轉了一個彎，雖然少了些功成名就，但現在的我終於能當個真正的我。除了現在經營自家的生意外，我也會利用些閒暇時間做點聊癒諮詢。菳菳老師曾告訴我：「人生中無須一直追求完美，當事業上的成功成了種無止盡的慾望時，你便很難享有你所擁有的每一樣事物。」在排除掉那些貪念後，其實便會發現人生變得順遂許多。每當我面對與過去的我有著相似難題的個案時，我總是將自身的經歷分享給他們聽，希望能透過菳字塔羅和同理心，協助他們跨越自己的人生難題。

聯絡方式： **8351319**

找回自我的生命志士 Lucy

望著一身愛琴海風格的 Lucy 老師，令人不自主地產生出一種來到希臘的錯覺。在異國風情的影響下，身為塔羅占卜師的她總是散發著一股充滿青春活力的氣息，吸引著他人的好奇心。不過，只短短幾句，就能從她身上感受到對人生的熱情與樂觀積極。只要和她的聊癒，便能透過不一樣的思維，以另一角度重新看待這個美麗的世界。

綠色皇后、綠色小公主、藍色小王子

Lucy 老師的內心話：

其實，我的過往人生就像是不停從失敗中尋求成長的旅程。以前的我總是特別容易杞人憂天，也常常胡思亂想，每當想做任何事情時總會先想到最壞的結果，把自己嚇到自信全失，導致在實際行動時常常一事無成。然而，這樣的我卻想滿足別人的期待，把事情都做到最好，這種「眼高手低」使我總是在失敗中打轉，縱使有了許多經歷，還是無法將其累積為能派上用場的經驗。

從小到大，我的興趣非常廣泛，無論從動態活動得到靜態操作，都在我的喜好名單之中。但是，這些興趣沒有一項能夠堅持長久，老是學了點毛皮就半途而廢，一直無法達到專精的程度。老實說，我對於自己三分鐘熱度的個性十分迷惘，每當面對選擇總會擔心自己是否選對，也讓自己經歷好一陣子亂闖亂撞的歷程。這種情況持續反覆發生，直到我

遇到荃荃老師後，才開始有了不一樣的看法，我開始學會接納並欣賞這樣的自己，不再以旁人的眼光改變自己的目標，也不再讓負面的想法壓垮自己的自信。

邁向中庸的康莊大道

在我遇到荃荃老師時，當時的她還是一位塔羅占卜老師。她用很簡單輕鬆的方式為我打開了另外一扇窗，並讓我得到了中庸與堅持的力量。在向她學完塔羅後，我便展開了塔羅占卜的副業，一邊以塔羅占卜幫助他人，一邊修正自己，讓自己更為美好，並隨著跟隨荃荃老師的荃字塔識人術，步上聊癒師的旅程。

經歷這段探索過程後，我才發現，原來我自己是屬於無粉色牌的類型，過往那些煩惱我的狀態其實就是由綠色皇后、綠色小公主、藍色小王子所組成的特質。在理解自己的初始面貌後，我更能夠接納自己的各項優缺點，也更能運用自己的特質為客戶服務。

調整自我，改變人生宿命

從大學生活到步入職場，經歷許多人生的起起伏伏後，我才發現，人最重要的還是自我。荃荃老師曾經說：「我們不是命理師，不論命。」所以我在占卜這條道路上從來沒有告訴他人未來一定要朝哪個方向走，而是給予其意見，將選擇的權力還到客戶手上。現在的我不但有了自我堅持與自信，也更能理解他人的思維邏輯與應對方式，讓對方更願意相信我，接受我所提出的建議，也讓他們有機為更進一步了解自己，進而改變自己的人生。

聯絡方式： **f** **https://www.facebook.com/SOLEILxLUCIENNE**

伸縮自如的職場女強人 Winni

電子公司出身，身著小西裝外套的 Winni 老師有著一股職業女強人的氣質，才華出眾的她骨子裡帶有一絲幹練的精明，光是看著就能夠感受到莫名的安心。不只是外表出色，Winni 老師在聊癒的過程也能給予客戶許多圓融的意見，幫助他們面對人生的種種難題。若是需要一座強而有力的燈塔以引導人生的大方向，想必找她就對了！

> 藍色皇后 x2、粉色小公主、綠色小公主

Winni 老師的話：

我是一位具有行動力的人。在接觸老師的釜字塔羅課程之前，我只聽過朋友對於她的介紹，說她是一位極為獨特的老師，教導的課程既沒有框架也沒有壓力，更不會擺出老師的架子。我曾接觸過一些身心靈的課程，其中釜釜老師的課程讓我感受到一股不同以往的魅力，加上釜字塔羅牌這套系統十分容易理解，使我對於這項課程頗有心得，認為自己能從中受用無窮。

有趣的是，當我結束課程，並開始以這套系統接觸客戶時，竟然發現許多來到我面前的個案都是事業心重，感情方面出狀況的人。在協助她們認識自我與他人的過程中，我也感受到相似的案例似乎也曾在我的生活中上演過。透過聊癒，我不僅聊癒了他人，也聊癒了自我，這樣的結果讓我更能感受到這套釜字塔羅的奧妙與魅力。

突破盲點，成就自己

　　或許是因為擁有 2 張藍色皇后，我總是以理性的角度在看待感情相關的事務，也因此人生中並沒有太多因控制慾導致的情感問題。不過，我也有自己所需面對的課題。我在前一家公司任職時因能力很強但個性溫和，導致自己在付出的同時卻沒有得到相對的回報。當時的我為此感到憤憤不平，心中也累積下許多積怨。當時的我不知道為何自己有這份強烈的負面情感，直到接觸荃字塔羅後，我才發現「公平」對我來說非常重要。我所擁有的藍色皇后為追求公平的特質，而當我得不到公平時，我的粉色小公主特質便會使我產生爆發性的情緒波動。對於無法追求到的公平，我應適時後退一步，或適時地轉換跑道，不應任由情緒的惡性循環繼續下去，陷入負面的漩渦之中。

　　在看清這點後，我替自己換了一份工作，選擇了一家我認為值得託付的公司，加上我開始懂得運用自己的優點，像是理性、公平與願意配合；並調整自己的缺點，像是驕傲、自尊心過高、個性不圓滑，工作便顯的順遂許多。感謝當時有遇到荃荃老師，以荃字塔羅協助我看清自己的盲點。因此，我也願意透過這樣的方式，協助他人看懂自己的事業與人生。

聯絡方式： **657350**

為愛付出的動人女王 大Sasa

大Sasa 老師擁有一副原住民同胞般的深邃臉孔，美人胚子的她姿態上就像是一位女王。然而，在這般亮麗的外表下，其實人生道路上一直有許多的壓力與責任正等著她。但或許就是這般歷練，才使得大Sasa 老師總是散發出一股王者的氣息，令人不得不佩服耀眼發光的女王。

粉色國王、綠色皇后、紫色國王、紫色小王子

大Sasa 老師的話：

在前幾年，我因為生意方面的關係而認識了荃荃老師，為了轉移生活重心，調適心情而學了荃字塔羅牌識人術。雖然在學成後陸陸續續有接過一些個案，幫助一些親朋好友了解自己的性格傾向，但因為本業繁忙的關係，始終沒有積極投入聊癒師的工作。

直到家人罹患憂鬱症，才真正地深入這套系統，並運用荃字塔羅牌協助身邊需要的人。現在之所以再度走上聊癒師的道路，也是因為有感於這套系統十分精準，想要讓更多人有了解自己的機會，進而解決人與人之間的相處問題。

因為苦過，所以更能感同身受

我的人生與一般大眾相比下，所遇到的波折非常多。父親早年離

異，由母親一人獨力撫養我們長大。在此成長背景下，我很早便步入婚姻，遠嫁到原住民來到山中生活。在一段很長的歲月中，我總是感覺自己與世隔絕也無法陪伴母親跟妹妹，但為了給孩子一個完整的家庭，我其實忍耐了很多年。對於山中的生活我其實非常不習慣，錢財方面我則沒有安全感，而家庭背景與觀念都與我的原生家庭有著非常大的差異。在多年後，我終於決定離開，去尋找自己真正想要的生活。

我決定以美睫為業，全心認真地投入工作，讓自己能夠重新站起來，活出自我。直到遇到我現任丈夫疼愛照顧不讓我吃苦感謝他對我的支持，然而，正當生活逐漸步入正軌時，家人罹患憂鬱症的消息卻衝擊了我的生活。在人生中，我遇到的考驗非常多，而家庭這塊一直是我必須面對的功課。

在還沒接觸這套系統前，我就清楚工作與事業對我來說並非難事；在學了這套系統後，我更知道自己對於事業的衝勁來自於我的紫色國王、綠色皇后與粉色國王（事業心重、善於計算與投資與堅持）。同時，也因為荃字塔羅牌所顯示的前世今生，讓我理解為何我的人生總是面臨家庭的磨難，因為前世的我以小孩子牌居多，而現在的綠色皇后牌則代表有家庭的難題需經歷磨練。因此，這輩子的我會需要自己賺錢養家活命。

在看清這些命理含意後，我更能放下情緒地去面對接下來可能會出現的人生困境，以及去同理他人，也不會無理地鞭策自己、強迫自己去做完全不符合自身個性的事情。對於他人，我可以很真誠地給予關心與同理心，不再以自己獨斷的主觀想法去批判他人的人生。如今，我的事業已經到了可以養家活口的水平，我相信世界上仍有許多像我一樣被家庭難題困擾的人。如果荃字塔羅這套系統可以協助到更多的人，我相信會有更多的女性可以為自己重新走出，找到一條人生的光明道路。

聯絡方式： LINE 0903193441

有容乃大的鋼琴老師 小 Sasa

小莎莎老師是一位從鋼琴老師起家的聊癒師，每當談起自身時，她總是笑著表示：「我曾經是一位控制慾很強的人，卻也曾經因此失控，但當我放下後，才學到如何控制自我。」釜字塔這套不僅改變她與他人的人際關係，也使她不僅能掌握事態變化，更能搞定捉摸不定的人際關係，達到真正的運籌帷幄。

紫色國王、綠色國王、綠色小公主、粉色皇后

小 Sasa 老師的話：

我是一位個性穩定的人，從學校畢業就一直在同一間音樂教室工作了 8 年，從基層職務一直往上爬。以往的我總是重視績效，在意價值與是否達成目標。在這種心態下，我成了一位控制慾很強的人，不管是對自己還是對於他人。有時候只要發生令我不順心或是預料外的發展，我便會不由自主地發脾氣，這使我容易抓狂，在我身邊的親友也常因此飽受池魚之殃。過於精打細算的個性使我什麼事情都要先仔細算過一遍，絕不允許自己吃一點虧。

以往的我並不清楚自己為何這麼霸道又愛斤斤計較，覺得可能是獅子座的關係，但有時又覺得好像不只是這樣。雖然我的外表看起來並不盛氣凌人，但與人相處常出狀況，就算是和最了解我的家人相處也會經常起衝突，這種生活狀況真的困擾了我很多年。在瞭解自身的性格來自

於綠色牌以及紫色牌的影響後，我開始調整自己的起心動念，收起自己張牙舞爪的獅子外貌，以平易近人的態度去面對每一位跟我相處的人。

從釜字塔羅看懂自己

由於現實感情的難題，我自己找上了釜釜老師。當時我有兩個比較對象，希望老師透過牌組解析，告訴我哪一位價值觀和我較為相近，較容易達成共識，選出適合自己的對象。讓我驚喜的是，老師所建議的對象在交往後真的很適合我。因此，當老師召開釜字塔識人術課程時，我立刻選擇報名上課。在開始學習後，我看懂了自己的性格，原來我在人生中所設定的目標屬於紫牌人的特質；而愛計算、愛計較的特性則是來自於綠牌人的特質；至於與家人相處出現問題，與母親在情感上糾結則是出自於我的粉色皇后，她使我容易被家庭的感情所牽絆。

在看懂了這些門道後，我更有信心去包容我身邊的人，也更願意真誠地接納自己的情緒，一步步去調整自己，進而去幫助身邊的人。像是對於媽媽，我學會包容，不會一直與她爭執，靜下心來傾聽她說話，真的讓她感受到我的關心與愛；設定目標的特質就完全用在我的工作上面，對自己的要求上，而我愛計算的性格也一直會提醒自己不要只從利益出發去看事情。雖然這樣的調整需要多花些心思，但我真的覺得人生順遂很多，心情也平穩許多。

看懂彼此，感情不再卡關

感情往往是當局者迷，被戀愛蒙蔽的自己總是無法準確判斷對方是否真的適合自己，但釜字塔羅則可以快速解決這個問題，而現在的我即將要和當初那位男友踏入婚姻。對於像我這般事業心重的女生，感情這塊往往是無法避開的難題，我很慶幸自己能夠遇見釜釜老師，及時被點出盲點，因此在我走上聊癒師這條道路後，也希望自己能夠幫助更多像我一樣的女孩，讓我們都能找到自己的幸福。

聯絡方式： sasachen780814

感性優先的大國王 小清

身為寶寶按摩、寶寶瑜珈、孕產按摩講師的小清老師總是帶著溫柔體貼的氣質，不管談論什麼話題，她的語調永遠有種讓人如沐春風的感覺。由於小清老師真實不做作的個性，每每她在分享自身從困惑中尋找答案的旅程，都使人可以從中得到啟發與建議，而這便是小清老師的溫和聊癒力。

> 藍色國王、粉色國王、粉色皇后、綠色小公主

小清老師的話：

我是一位相當慢熟的人，在釜字塔羅的課程中，當別人在積極討論時，我總是默默地坐在一旁聆聽，做著自己的筆記，以自己的步調去理解所接觸到的資訊。或許是這種慢郎中的個性，導致我直到複訓時才真正理解所有老師所教的內容。不只是學習方面，我在面對人際關係狀況時也時常如此，由於不習慣主動，所以在面對人與人之間的互動時，總是呈現被動狀態，不自覺就會依照對方的指令聽話照做。

解開人性秘密，自助更助人

在了解自己的個性後，我開始學會讓自己更加積極，也嘗試讓自己保有多一點的主見，因為我知道，有能力主動伸出援手的人才有機會真正幫助到更多人。

荃字塔識人術使我對於自己的性格有了更進一步的理解，由於我的感情牌：粉色國王與粉色皇后對情感非常看重，因此我非常需要安全感。這也正好跟我的父母離異有關，雖然生於大家庭的我在成長的道路上仍有許多長輩的陪伴，但對於母親記憶與情感的不完整，從小便對親情有種說不出來的距離感。

　　小時候的經歷造成我對於情感方面沒有安全感，常常採取以退為進的安穩方式去與伴侶相處。綠色小公主的特質使我個性上乖巧，願意配合他人，但過度柔軟的相處模式卻也造成第一任男友因此劈腿，而我還是直到最後一刻才知道。

　　在看懂自己的行為模式後，我才發現自己的讓步其實是出自於對掌控情感的渴望，我所有的付出都是為了要求回報，希望別人同樣用我的方式來關心我。若別人沒辦法達到這一點，我將非常失望。幸好有了荃字塔羅，現在的我已經可以理解每個人都有自己表達關心的方式，不會再一廂情願地認為接受我所付出的人都該滿足於我。

　　成為聊癒師之後，我發現許多人在面對親密對象時，也跟我以前一樣，經常都會使用不適合的方式去要求他人。正因為感同身受，所以我更能理解那些對於情感有所糾結的課題，透過荃字塔羅，自己在聊癒他人的同時，也讓自己更加成長，因此未來我也期望透過這套牌卡可以協助更多人。

聯絡方式： **karen7375**

充滿行動力的直爽俠女 小璇

具有俠女性格的小璇老師有著敢愛敢恨，真實不矯情的個性，率直的行事風格與真誠的言論更凸顯她的魅力。只要聽她談起「聊癒」，人生中的許多事情便可豁然開朗，不論是鑽牛角尖的情緒，或是難纏糾結的事件，小璇老師皆能藉由她的生命智慧協助他人走出自己的路！

> 綠色國王、紫色皇后、紫色小王子

小璇老師的話：

　　談起我與釜字塔羅的緣分，實在要感謝幾位朋友，當初他們報名了釜釜老師的講座認識了這套牌卡之後，覺得非常的準確，但是，那時我以為這只是融合一些命理元素，所以認為可信度並不高。神奇的是，我的朋友們竟然把我分析地十分徹底，著實讓我感到非常訝異，也因此讓我對釜字塔羅產生興趣，積極地去報名了相同的課程。

　　學成之後，我便開始到處尋找對象，試試看這套牌卡系統是否對每一位對象都能如此精準，並且與同樣有接觸的朋友一同討論研究。一直以來，我對自己感興趣的事物都很主動，在經歷多次的反覆嘗試後，我發現這套系統的確有令人拍胸脯保證的精確性。

　　我是一個藏不住話的人，所以朋友都知道我的個性很直接，而不認識我的人可能會因此覺得不好親近。在接觸釜字塔羅以前，我可能會因

為旁人的誤解感到生氣，急著化解誤會卻又不願意服輸，經常要辯論明白卻更容易讓人誤會。其實，對待朋友我都是真心款待，不過如果因為誤解換來的絕情，就容易使我非常憤怒。在這樣的個性下，我的人際關係不外乎就是大起大落，合於我的人會變成非常要好的朋友，不合於我的人就會變成死對頭，為此我經常感到無奈。

了解自我，化誤會為包容

　　接觸莃字塔羅之後，我才真正理解，原來我的人際關係會有這麼大的起伏，主要是因為我所擁有的紫色小王子，小王子代表直來直往的特質，因此我對於外在的反應總是非常的直接。而我的脾氣則來自於紫色皇后的特性，使我有了狗的剛直與忠良，使我竭盡所能守護家中的幼犢，而我看到有錢賺、有投資機會、有美食可享用時就會很積極，則是來自綠色國王的特質，在了解自己的牌組之後，我學會將心比心也理解其他人的思索模式，因此在對待人際課題時，學會給彼此多些緩衝空間及站在他人立場思考。

　　由於自己一直有著一顆俠義的心，常常為了朋友不惜拔刀相助，替他們解決生活上的大小問題，因此我在學會牌卡之後，也積極成為聊癒師。在我接觸的案例中，不少是親子溝通上的問題，許多父母其實並不是那麼了解孩子的性格，生活中就常常發生摩擦。藉由莃字塔羅，我發現只要用對方法，許多誤會都能因此迎刃而解。其實，在各種關係上都是如此，只要雙方願意各退一步，給予彼此多一點的彈性空間，這世界便少了許多衝突，多出更多歡樂。

聯絡方式： lovemgyso

讓世界更為單純的導師 小櫻

　　充滿孩子氣的小櫻老師，其實已經是一位母親。看著她天真率直的笑容，聽著她甜美溫柔的聲音，突然就會發現，原來世界上真的有人不會被社會的複雜氛圍所影響。從她的角度來談世界，陰暗的角落也發著光芒，更多了些許的歡愉與喜悅，也正是這份純真，讓人在不知不覺中受到了聊癒。

藍色國王、粉色小公主、綠色小公主 **x2**

小櫻老師的話：

　　星座、生肖、塔羅……等種種命理議題一直是我很喜歡研究的題材之一。由於情感的問題，我在朋友的介紹下認識了荃荃老師，也因此接觸了荃字塔羅這一套牌卡系統。在這過程中，我發現以荃字塔羅分析起自己的性格十分準確，因此也能為自己的感情關係抽絲剝繭，找出癥結點，因此開始對這套牌卡系統產生了非常濃厚的興趣。

　　日常生活的我總是擔任親朋好友傾吐心事的對象，有些人可能會覺得這個位子總會吸收到不少負能量，但是對我來說，這卻是一件可以幫助到其他人的開心事。在接觸到荃字塔羅後，我發現自己可以運用這套系統，更精準地幫助那些來對我吐露心事的親友，讓他們得以更加瞭解自己，同時處理遇到的人生問題。在大家正面的回饋之後，我開始成為聊癒師，並以這套牌卡去協助更多人。

擁抱單純人生，成就不凡夢想

　　對於人生，我一直抱持著很單純的想法：做喜歡的事情，結交投緣的朋友。因此，在接觸這套系統前，一直覺得自己是個長不大的大孩子，不意外的，釜字塔羅的分析再次證實我的小孩特質，因為我有三張小孩牌：一張粉色小公主與兩張綠色小公主。正如牌卡所反映的特質，常常促使自己因為熱心過頭，不等他人解釋便擅作主張，造成一些不必要的誤會與小插曲，常常繞了遠路還不一定能解決他人的問題。在認清自我的急躁後，我開始提醒自己要學會觀察與等待，先看清楚狀況再做行動。

　　此外，喜歡無憂無慮的我，還有小公主牌的散慢與分心性格，因此在確定了自己的夢想之後，開始漸漸朝著目標向前行。

　　除了想要助人為樂，我走向聊癒師這條道路的初衷，還有一大原因是由於我非常喜歡有一群人跟著我一同前進，一起分享人生的點點滴滴，並從中成長蛻變。如同釜釜老師的生命故事，她是我邁向成長與提升自我的目標，在自己不斷精進修行下，期許自己也可以成為一位既單純又淵博的聊癒師。

聯絡方式： 🟢LINE **conyapril**

看重 CP 值的愛心國王 伊琳

從小被父母守護在掌心的她，原本像是溫室中的花朵，直到出了社會後才發現，現實的世界與自己想像的不一樣。伊琳老師的成長過程，正如許多年輕人的寫照，一路上跌跌撞撞地探索人生，從中找尋屬於自己的人生道路。現在，成為聊癒師的她正因經歷過這段困惑，因此更能幫助到對人生充滿疑惑的人。

藍色國王、粉色國王、粉色小公主、綠色皇后

伊琳老師的話：

對於了解自己這件事情，我一直抱持著濃厚的興趣，想知道自己是一位怎樣的人，自己的人生未來會是怎樣？因此我會去算命，到處求神問卜，更喜歡西方星座和塔羅牌等面對面性質的占卜，感覺起來比較有互動性，也較為真實。在遇見釜釜老師與釜字塔羅後，便不知不覺地深深愛上這套系統，也喜歡上與釜釜老師的每一次「聊癒」，於是自己也成為一位聊癒師。

幼教背景的我總是喜歡看著孩子在自己的培育下逐漸成長，那是一種無法言語的成就感，因此我對幼教的堅持不止是讓孩子平安長大，更希望他們在探索世界的過程中能夠了解自我，找到自己的一片天。然而因理念與現實社會價值有段落差，使我離開了原本的公司，甚至還因此捲入官司，拖累了父母。說真的，這段經歷讓我感到十分挫折，因此退

出幼教界的工作，進入了人生的沉澱期。藉由釜釜老師的「聊癒」與釜字塔羅的引導，我再次重新了解自己，找回了自己的初衷，並學會與老公和家人相處，重新找回自己的人生藍圖。

在了解自我後，重獲人生自由

對於本身的特質，我曾經十分困惑，懷疑現實的世界容不下生活在幻想中的自己。在釜字塔羅的幫助下，我發現自己天真的想法來自於粉色公主牌的小女孩特質，粉色國王的特質則使我始終相信人性為善，對他人從不抱有懷疑與猜忌，過於單純的想法常常使我受傷。

我的藍色國王和綠色皇后則分別為理性判斷和務實計算的特質，這使我在保持初衷的同時，能面對現實生活的狀況。然而，我過去沒有好好運用這些特質，使我在碰上落差後不知該如何是好，未能好好處理眼前的課題。

在了解自己後，我開始試圖以更理性與務實的方式與身邊的人溝通，我不希望自己是一位空談理想而缺乏實際行動的人。為了體現這份覺悟，我轉行去做國內外的代購，帶著孩子一同掃街，進到一家家公司做實體推廣，累積了一批不錯的客戶。

曾經的徬徨，讓我在當聊癒師時，更能將釜字塔羅這套系統幫助到許多需要的人。我相信人生沒有一定的規則，只要願意開始，不論何時都有重生的機會。

聯絡方式： 🟢 **shine1226**

4 / 17

從善如流的分析師 香君

香君老師的話語就像是一場精闢的哲理分析，這位亮麗淑女所吐露出的每一句話如同鄰家大姊姊般的溫柔與貼心。然而，溫柔的言語中條理分明，充滿著趣味與驚奇，以及許多的智慧與真理。想要為這家庭多盡一份心力的她，從健康管理師的領域跨足到聊癒師，只希望與她相處的人無論是身裡或心靈，都能獲得真正的平靜。

綠色國王、綠色皇后、紫色小王子

香君老師的話：

當初我走上聊癒師這條道路的原因很單純，就只是希望自己能更快速地了解身邊每一個人的健康狀況，並提供他們專業的醫療資訊。對我而言，親友因健康問題而感到煩惱，甚至影響到現實生活都是我所不樂見的情況。為了能有效地避免上述情形出現，我選擇考了一張健康管理師的執照。

然而，只憑專業的執照不一定能全面地幫助到病人，因為醫療的過程中除了藥物的給予外，最重要的仍是穩定病人的心態與情緒，我也以此為契機，走上了聊癒師這一條道路。

聊癒，從自己開始

在學了釜字塔識人術後，第一位被聊癒的對象正是我自己。由於我

的牌組只有三張牌，分別是綠色國王、綠色皇后，以及紫色小王子。這其中並不存在粉色感性的牌，使得我在處理眼前事物時不太會被自我情緒所影響。綠色皇后象徵著我總是追求完美，孝順家人；紫色小王子則代表我生性好動，喜歡交朋友，對外總是很開朗開心的樣子。在這三牌的搭配下，生活中的我總是以目標價值為導向，過往認識我的朋友也都知道我是一位拼命三郎，戴著笑容的面具不斷逞強。

但是，在內心深處的我其實很清楚，一直以來我給了自己太多龐大的壓力，沉浮在未知的大海中不斷尋找著渺茫的答案。我常在做好了最壞的打算後，仍不斷要求自己做到最好，這使得我對自己造成了許多傷害。在學了荃字塔識人術後，我才知道，原來這一切都是我的綠色皇后牌在發酵。在調整好心態後，我不再讓自己總是往最壞的方向去思考，對他人也會給予多一點耐心，同時放下自己的偏見與想法，多為他人設身處地。

協助他人，成就自己

在我所接觸過的個案中，最具考驗的還是我自己的女兒。荃字塔創辦人荃荃老師說過：「一旦成為聊癒師後，第一件事情便是將所學的智慧與知識運用在自己身上。一旦我們改變自己，就能更有效益地影響他人。」

我的女兒是一位擁有粉色牌的人，她的牌是由兩張藍色小王子、一張粉色皇后和一張綠色小公主所組成。小王子的牌讓她的心中總存在著十萬個「為什麼？」，粉色的皇后則使她非常懂得觀察他人的情緒與臉色。因此，我與老公的身教顯得十分重要，只要出現言行不一的情況，女兒就會反問：「為什麼？」這點促使我下定決心面對我牌組中負面的那一面，並隨時轉化我的情緒，只為給予孩子最好的身教。因為她，讓我從中有所成長，更心存感激，謝謝上天賜予我一個這樣的祝福。

聯絡方式： LINE aimeeliu23

4/18

蘊含理性的和諧國王 宸瑧

　　我們身上總是有許多的標籤，久而久之我們都忘了真實的自己是什麼模樣，然而撕開一層層別人貼的標籤後，你知道自己擁有哪些力量嗎？在宸瑧老師落落大方的外表下，其實隱藏著一顆充滿愛的內心。她透過自己走過一層層的生命關卡，獲得許多修行的感觸，希望藉此能多幫助一些人，而這也就是所謂的菩薩聊癒師！

藍色國王、藍色小王子、綠色國王、粉色皇后

宸瑧老師的話：

　　從小到大，別人總以為我是一位甜美、可愛又活潑的女孩，連我自己也一直對此深信不疑，但是當我認識了釜釜老師之後，身上的「完美」開始一層一層剝落。記得釜釜老師第一次見面解析我的牌卡，其實我是很會偽裝自己，滿肚子負能量卻假裝人生依舊美好的狀態。

　　「老師與我素昧平生，為什麼這麼說？」當下聽到這般晴天霹靂的評論，老實說我真的很訝異，也不太相信，因為從沒有人如此對我說過。回到家後，我開始回顧過去的點點滴滴，逐步分析自己內心變化，這時才恍然察覺，原來我一直在刻意隱藏自己的本性。

　　也許是因為曾經身為國軍的一份子，為了在男性佔多數的職場立足生根，我把自己過得完全不像原本的我，甚至連原有的樣子都無法認清。離開國軍後，迷失了方向，沒有既定目標的我陷入了無法自拔的徬

徨。沒想到此時參與荃荃老師開設的課程，不僅讓我找到了原本的自己，更開展了真正屬於自己的專業與興趣。

整合自我，創造真實力量

面對人生的劇變，我開始收起自己的假開心以及負面思考壞習慣，不再追求外在的虛偽，而是往內心深處探求，感受自己最真實的想法與情緒。在荃字塔羅中，我所擁有的藍色國王與藍色小王子合稱為「大小和尚牌」，擁有這組合的人將會有條充滿歷練與回饋的人生。

在學會放下虛偽的面具，接受真實的自己後，我踏上了聊癒師的道路，參與修行的途中也向需要幫助的人伸出援手。我的藍色國王和粉色皇后使我會不經意的想要以自身想法影響他人，我一直以為這是種對於他人的恩賜，但這其實是一種自私的控制慾。在看清內在的衝突與分裂後，我開始調整自己的一言一行，重新審視每一念的出發點，並從中找回最真實的自我感受。

「自度度他，自覺覺他。」這就是我必須經歷這段改變的原因，唯有先讓自己變好，才能真正協助到他人。大和尚與小和尚都是修行者，必須通過親身體驗的修行，才能產生力量與影響力。修行是一條不間斷的道路，但我相信一切將會越來越好，不論是我，還是我身旁的每個人。

聯絡方式： LINE **juliette0605**

天生理性的慈善家 詥方

　　旁人第一眼中的詥方老師是一位嫻靜的淑女，然而這層印象在她開口後便有了翻天覆地的改變。談話間的詥方老師有種輕快的步調，不管話題如何跳耀，她都可以毫無壓力地談天說地。在面對客戶時，她的解析更是一針見底，卻不會直白道讓人感到窒息。也許正是她身上那股如同孩童般的無邪，讓人不自主地感受到友好的氛圍。

藍色國王、藍色小王子、紫色小王子

詥方老師的話：

　　長久以來，我總以服務他人為志業。我喜歡廣結善緣，協助他人並成就他們的事業。我喜歡擔任替人服務的職位，從協助他人解決問題的過程中尋找成就感與滿足感，並以此樂此不疲。

　　以前的我不會特別去思索這股動力的來源，現在的我在自我了解後也不會對此特別去在意。我是一位清楚自己想要什麼，並全力以赴的人。對於這樣的自己，我不會感到特別疑慮，只希望不管走到人生的哪一個階段，我都可以繼續做著服務他人的事，讓我活著的每一天都能感到心滿意足。

共好，來自於理念相同

　　在我剛開始接觸到老師時，便覺得她跟其他命理老師不太一樣，因

為大多數人總是希望能對外人表現出最好的一面，很少有人願意將自己的短處讓他人知道。隨著與她相處的時間增長，我發現她有許多價值觀與我的十分相似，例如：凡事要求做到最好、一步一腳印地實現自己的計劃、嚴以律己，寬以待人……等等。因為這些共同點，我成了釜釜老師的好友。

當釜釜老師開設起釜字塔羅牌的課程後，我便以好友的身分參與了老師的課程，平時也常擔任她的練習者。這些命理相關知識算是我與釜釜老師的共同興趣，尤其對於老師發開的這套釜字塔系統讓我感到十分有吸引力，也因此一股腦地成了聊癒師的一份子。

透過釜字塔羅，讓世界更加美好

透過這套識人術，我了解自己所擁有的藍色國王與藍色小王子牌卡是老師口中的大小和尚牌，代表我來到這世間就是來貢獻與幫助別人，這與我過往常常被周遭的朋友抓去聊心事、吐苦水後給予建議的狀況完全符合。從這些牌組中，我發現原來我的藍色國王會依事情開展做出理性與大方向的見解，而小王子的個性則會讓人不會感到壓力，也因此才會有這麼多的人喜歡找我講心事。

在有了牌卡的解惑後，我便能利用這套系統更有效地協助他人了解自我、發現問題，並提供實用的建議。從許多個案以及個案例回饋中，我發現釜字塔識人術真的十分淺顯易懂，尤其對於大小和尚牌，喜歡熱心助人的我來說，這真是最棒的助人管道與工具。因此，我衷心希望那些心存善念卻苦無門路的人可以來學習這套便利識人術，讓善的種子能更廣布於這個世界上。

聯絡方式： **joy6165**

自我實現的冒險家 葳葳

斜槓青年的人生正是葳葳老師的最佳寫照。身為一位金融界菁英的她，在剛出社會時便一帆風順，然而這份順遂卻隨著時間推移急轉直下，對於自己的人生也逐漸感到迷惘，縱使跨足多領域，擁有一身長才卻無法找出未來的目標。直到遇見釜字塔識人術，才從這套數據諮詢中看透自身，進而重新獲得人生的方向。

> 綠色國王、綠色皇后、粉色國王、粉色公主

葳葳老師的話：

從我進入社會至今已有 15 餘年，這段期間內我曾挑戰過非常多種不同類型的職務，如客服、業務、企劃、行銷、採購、出貨、地攤老闆……等，但我一直找不到合適於我的工作落點。以前在公司曾想要出來創業，但在出來創業後卻又開始懷念起公司的安穩。我總是感覺自己反反覆覆，但就算算遍了社會上大大小小的命理與人格測驗，卻依舊總是找不到自己的盲點。

在一次因緣際會下，我遇到釜字塔識人術的老師：釜釜老師。坦白說，她給我的第一印象不像是一位老師，而是一位天真的孩子，但當我們談到 12 型人格與流年時，她卻能一針見血地說中我的現況：矛盾，空有行動力而受限於自我標準與感覺。也因為這樣精闢的一句話，開啟了我走向聊癒師的道路。

分析自我，化解內在衝突

　　我的牌組總共由 4 張牌所組成，分別為兩張粉牌與兩張綠牌，代表我這個人同時重視「價值」與「感受」。擁有這樣牌組的人很容易在個人喜好與衡量價值中間來回打轉，進而陷入嚴重的矛盾。粉色牌的人著重於感性的體驗，加上粉色小公主牌代表著任性小女孩的性格，注定我總會有太多的自我感受，縱使有時候明明知道要做哪些事情，卻還是會因為喜好問題而無法立即做出決定。

　　擁有綠色牌的人傾向於重視 CP 價值，在做任何事情前都喜歡先貨比三家，如果認為性價比不高，便不願意展開行動。當粉色牌與綠色牌湊在一起，便會衍生許多矛盾，導致每一次的選擇都是種拉扯，無法真正地投入其中。由於我沒有紫色牌，也就是代表行動力的牌，使得自己常捲入理性與感性的漩渦中，遲遲無法向前邁進。就是因為這樣的牌組，縱使工作能力不差，也會因為自我設限而無法持續進步。

　　學會付出，活出自我

　　每個人都是在經歷人生旅程的種種後，才逐漸了解自己。對於擁有像我這樣牌組的人，改變的重點不在於選擇，而是要先找到自己真正喜愛的事物，才能夠做得開心，做得長久。在找到這項事物以前，便要先學會付出，少一點計算與計較，才不會讓自己陷入糾結與矛盾的沼澤之中，人生才能過得更順遂輕鬆。透過去多看看不同的領域、不同族群的想法，像是講座、交友、閱讀等去找尋到自己喜歡的事情，再透過微實作去篩選出來，進而找到真的喜歡可以長久的事物。這樣的人生才能夠無怨無悔，更甘願地去開心過活與真的活出自我。

聯絡方式： LINE @kwb7299p

感性與理性兼備的大國王 薏艾

曾在幼教補習班的薏艾老師，言行間帶著一股師長般的氣息，她對於教育指導有著源源不絕的熱情。當她在解說釜字塔羅牌時，總是直率地切入重點，並且不厭其煩地以淺顯易懂的方式說明，就如同一位智慧的老師從敦敦教誨中傳播她的大愛。

藍色國王、粉色國王、紫色小王子

薏艾老師的話：

人都是在不斷跌跌撞撞的成長中找尋到真實的自我。我在接觸釜字塔羅以前，行為總是十分兩極，例如，買東西時，讓過多的思緒淹沒自己的判斷力，出現選擇障礙；有時則完全相反，不經思考就直接亂買一通。

在讀大學時，曾有一天因情緒低落，一口氣便買了 2 件衣服與 1 件夾克。當下的我可說是意氣用事，結果一回到家後，滿腦子都是數字與計算，心疼途中浪費掉的油錢與一去不返的時間。更慘的是，我在回家試穿後才發現買來的衣服不符尺寸，但也不好意思拿去退換貨，只好將新衣服全給了妹妹。這一整趟下來，不但沒有調整好心情，還花了一堆冤枉錢。如此這般反覆無常的行為，總是讓自己或旁人感到很困擾。

掌握原則，解開矛盾

在我學了荃字塔羅牌後，這一切的行為都真相大白，自己終於理解為何有時有選擇障礙，有時候則會完全憑感覺做事，原來因為我的兩張牌：粉色國王和藍色國王這兩個特質起衝突。

粉色國王是感性的王者，藍色國王則是理性的王者，當我從理性角度思考時，便容易思考太多導致無法做出決定；當我改以感性角度出發時，又會變得極端而缺乏邏輯。然而，這四種牌組中，我獨獨缺少了綠色的牌，因此缺乏成本概念與價值感。此外，我的牌組中還有一張紫色小王子，促使我遵循本能衝動執行自己想做的事情。現在回頭看看，這三張牌真的常讓我做出自己都哭笑不得的事情。

以前覺得自己總是特別難搞，怎麼會有這麼麻煩的個性，但自從學會了荃字塔羅後，隨著參與個案練習，協助他人了解自我後，我對於自己的個性也慢慢感到釋懷。其實，每個人都有自己的優點與難題，無論是拿到什麼樣的牌組，只要好好發揮都可以活出精彩的人生。在想通一切後，我終於能更坦然地接納自己，並運用紫色小王子帶來的衝勁讓自己展開行動，再運用粉色國王帶來的執著，堅持自己做對的事情，最後再運用藍色國王帶來的思考，檢查自己是否有遺漏或需要調整的部分。

由於了解自己之後，自然而然改變了很多，因此我也走上聊癒師這條道路，希望可以讓更多人也感受荃字塔羅的獨特魅力，找到一條認識自己的通道，使人生可以走得更順利。

聯絡方式： LINE carolbao

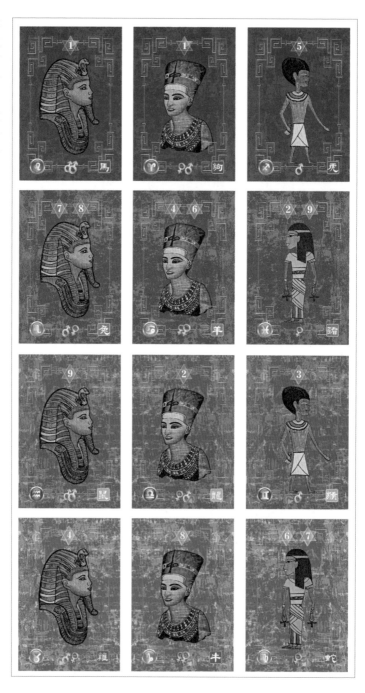

荃字塔羅牌卡所具備的元素

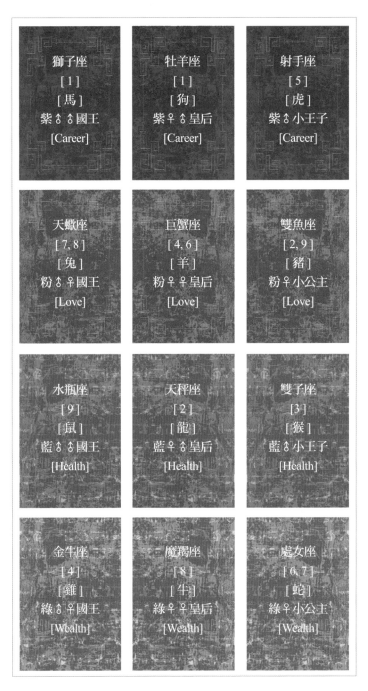

獅子座 [1] [馬] 紫♂♂國王 [Career]	牡羊座 [1] [狗] 紫♀♂皇后 [Career]	射手座 [5] [虎] 紫♂小王子 [Career]
天蠍座 [7, 8] [兔] 粉♂♀國王 [Love]	巨蟹座 [4, 6] [羊] 粉♀♀皇后 [Love]	雙魚座 [2, 9] [豬] 粉♀小公主 [Love]
水瓶座 [9] [鼠] 藍♂♂國王 [Health]	天秤座 [2] [龍] 藍♀♂皇后 [Health]	雙子座 [3] [猴] 藍♂小王子 [Health]
金牛座 [4] [雞] 綠♂♀國王 [Wealth]	魔羯座 [8] [牛] 綠♀♀皇后 [Wealth]	處女座 [6, 7] [蛇] 綠♀小公主 [Wealth]

有智慧的人總是尋找好心情，
會成功的人總是保持好心情。

放棄改變他人叫成熟，願意改變自己叫成長。

國家圖書館出版品預行編目資料

別裝了,這才是真實的你! 時尚修行很可以,
荃字塔識人術 / 賴荃荃著. -- 初版. -- 臺北市
: 匠心文化創意行銷, 2019.08
　面；　公分
ISBN 978-986-97513-6-0 (平裝)

1. 占卜
292.96　　　　　　108013697

【渠成文化】

荃字塔 001

別裝了，這才是真實的你！
—— 時尚修行很可以，荃字塔識人術

作　　者	賴荃荃
圖書出版	匠心文化創意行銷有限公司
發 行 人	張文豪
出版總監	柯延婷
執行總編	郭茵娜
行銷總監	曾秀微
編　　輯	游原厚
文字整理	李葳葳
美術設計	張培音
E-mail	cxwc0801@gmail.com
網　　址	https://www.facebook.com/CXWC0801
總 代 理	旭昇圖書有限公司
地　　址	新北市中和區中山路二段 352 號 2 樓
電　　話	02-2245-1480〈代表號〉
印　　製	上鎰數位科技印刷有限公司
定　　價	新台幣 420 元
初　　版	2019 年 8 月